진주도
처음에는
하나의 상처

진주도
처음에는
하나의 상처

부부 사랑을 위한
365일 느낌 대화 레시피

양상규 · 김미희 지음

좋은땅

서문

우리는 행복하기 위해 결혼을 선택했습니다. 통계에 의하면 결혼한 부부들 중에 25%는 행복하게 살고, 50%는 그럭저럭 살고, 나머지 25%는 불행하게 산다고 합니다. 행복해지고 싶어서 한 결혼인데 누구는 행복하게 살고 누구는 불행하게 살까요?

세계적인 부부상담가인 하빌 핸드릭스 박사는 '부부 갈등의 90%는 어렸을 때 가정환경이나 부모로부터 받은 상처와 밀접한 연관이 있다.'고 했습니다. 어린 시절에 마음에 새겨진 상처는 시멘트 바닥에 새겨진 구두 발자국처럼 좀처럼 지워지지 않습니다. 어릴 때 받은 상처가 치유되지 않은 상태로 부부가 만나게 되면 결코 행복할 수 없습니다.

진주는 상처 입은 조개가 그 상처를 아물기 위해 오랜 시간 동안 치유하는 과정에서 만들어집니다. 진주도 처음에는 하나의 상처였습니다. 우리도 상처의 아픔을 통해 자신의 내면에 숨어 있는 보물을 발견하게 됩니다. 그 보물은 사랑입니다. 우리들이 아름다운 지구별에서 태어난 이유는 어쩌면 진정한 사랑을 배우기 위해서일는지 모릅니다.

세르반테스의 소설 《돈키호테》를 각색한 뮤지컬 〈라만차의 사나이〉에서 '알돈자'(Aldonza)라는 여인이 있습니다. 그녀는 여관의 부엌떼기이며 창녀입니다. 그런 그녀에게 사랑의 콩깍지가 씌워 고귀한 숙녀라고 부르며 사랑을 고백하는 단 한 사람이 있습니다. 돈키호테입니다. 알돈자는 돈키호테의 진실한 사랑을 받아들일 수 없어 거부합니다.

하지만 돈키호테의 열정적인 사랑에 감화된 창녀 '알돈자'는 스스로 고귀한 숙녀 '둘시네아'(Dulcinea)로 다시 태어납니다. 마치 못생긴 애벌레가 예쁜 나비로 변신하듯이. 이렇듯 사랑은 위대합니다. '사랑은 내 안에 들어와 어둠과 맞서 싸우고 정복한다. 그리하여 나는 사랑 안에서 숨을 쉰다. 비로소 나는 삶의 의미를 깨닫게 된다.'라고 세르반테스는 말합니다.

우리들은 '알돈자'처럼 자신을 부정적으로 보는 열등감을 갖고 있습니다. 열등감의 뿌리는 자신 안의 상처입니다. 이 상처가 자기 자신을 부정적으로 보게 하고, 배우자를 있는 그대로 보지 못하게 합니다. 상처투성이 '알돈자'인 나를 '둘시네아'로 변신하게 해 줄 사람은 배우자뿐입니다. 배우자의 사랑만이 내 안의 상처를 치유해 줄 수 있습니다.

부부의 사랑은 대화에서 시작합니다. 대화의 필요성을 느끼면서도 바쁘게 살다 보니 점점 대화할 시간이 줄어듭니다. 부부의 대화 시간이 줄어든 만큼 불만과 짜증은 비례해 늘어나게 됩니다. 또 대화를 했다하면 싸우는 부부들도 있습니다. 남녀 차이를 잘 모르거나 대화하는 방법이 서툴기 때문입니다.

우리 부부가 'ME 주말'을 통해 배운 부부 대화법이 있습니다. 서로의 느낌을 표현하여 공감을 이끌어 내는 '느낌 대화법'입니다. 이 느낌 대화법으로 우리 부부는 지난 삼십여 년 동안 부부 대화를 계속해 왔습니다. 다른 부부들도 느낌 대화법을 배워 싸우지 않고 대화를 잘하기를 바라는 마음에서 이 책은 출간하게 되었습니다.

이 책이 나오기까지 많은 분들의 도움이 있었습니다. 먼저 이 책의 추천사를 써주신 전 서울 ME 대표팀 사제이신 김웅태 신부님께 감사드립니다. 그동안 여기 대화 주제를 갖고 매일 대화를 해 주신 ME 부부님들에게도 진심으로 감사드립니다. 끝으로 이 책을 하늘에 계신 김현준 율리오 신부님께 바칩니다.

2023년 4월

추천의 글

제가 존경하는 양상규·김미희 부부님은 평소에 결혼생활에 대한 깊은 묵상의 글을 써서 다른 부부들과 오래전부터 나눔을 해 왔습니다. 이 부부님은 오랫동안 저와 ME 활동을 함께 해 왔습니다. 저는 이 책을 읽으면서 부부들의 혼인생활에 대해 세 가지 새롭게 인식한 점이 있습니다.

▶ 부부는 인생의 동반자이다.

저는 이 두 분이 인생의 동반자로 살면서, 부부 일치를 위해 애쓰신 글을 읽으면서 깊은 감명을 받았습니다. 타인은 안 보면 되지만, 배우자는 마음이 불편해도 또 상처를 입어도 만나야 하는 불가분의 관계입니다. 부부는 매일매일 자신의 좋은 모습을 배우자에게 주도록 노력하는 과정에서 인내와 관용, 용서와 배려의 아름다운 덕이 형성됩니다.

▶ 부부는 사랑을 먹고 성장해야 아름다워진다.

부부는 서로에게 아낌없이 베푸는 사랑을 먹고 대화하면서 아름다운 부부가 될 수가 있습니다. 또 서로의 잘못에 대해서 용서를 주고받기에 깊이 이해하는 마음을 갖게 됩니다. 참으로 인간의 성숙 과정에서 부부간의 끊임없는 대화는 성덕 함양에 밑거름이 될 것입니다. 또한 부부들은 용서와 치유를 체험하면서 마음의 평화를 얻을 수 있습니다.

▶ 부부는 서로에게 인생의 스승이다.

배우자는 나 자신의 단점을 누구보다도 잘 알고 있기에 배우자의 지적은 마음을 아프게 하지만 그것은 바로 자신을 좋은 사람이 되도록 이끌어 주는 스승의 말씀과도 같습니다. 배우자의 지적은 그 어떤 카운슬러나 어떤 선생님보다도 자신을 참된 사람으로 이끌어 주는 인생의 스승이라고 볼 수 있습니다.

이 책은 부부를 통해서 내려 주시는 하느님의 은혜를 깨닫게 하고, 부부간에 대화를 끝없이 이어질 수 있게 도와줄 것입니다. 부부 대화는 끝없이 서로를 성찰하고 성숙하게 하는 선물입니다. 저는 대인관계에서 자신을 성찰하고, 좋은 관계를 지향하며 인간 성숙을 바라는 세상의 모든 분들에게 이 책을 추천합니다.

2023년 4월

김웅태(요셉) 신부
(전 WWME 서울협의회 담당 사제)

이 책의 사용설명서

부부 사랑을 위한 365일 느낌 대화 레시피는 '대화 주제' '명언' '대화 질문'과 '실천사항' 4가지가 한 세트로 구성되어 있습니다.

대화 주제와 명언은 대화 질문을 잘 이해하고 공감대를 형성하기 위한 마음의 준비 단계입니다. 그리고 '대화 질문'을 읽고, 질문에 대해 자신의 느낌을 찾아서 느낌만 _____ 에 간단히 적습니다.

> 코로나로 인해 해외여행을 가지 못할 때, 나는 어떤 생각이 듭니까? 이때 나의 느낌은? _____

이 대화 질문에 대해서, 남편은 가고 싶은 해외여행을 가지 못해 **'답답한'** 느낌이 들지만, 아내는 지출이 줄어서 **'다행스러운'** 느낌도 들 수 있습니다. 이처럼 같은 질문이라도 사람마다 느낌은 서로 다를 수 있습니다.

이러한 느낌의 표현도 **'전화 통화가 되지 않을 때처럼 답답한 느낌'** 이라고 하거나, **'지하철 막차를 탔을 때처럼 다행스러운 느낌'** 이라고 구체적으로 느낌을 표현해 주면 상대방은 더욱 빠르게 공감할 수 있습니다. 이처럼 서로의 느낌을 나누는 느낌 대화가 부부 대화로는 가장 적합한 대화법입니다.

■ 느낌의 단어들

유형	느낌들
기쁨	감격스러운, 감동적인, 감사한, 고마운, 고무된, 기분 좋은, 기쁜, 날아갈 듯한, 다행스러운, 만족스러운, 뭉클한, 반가운, 벅찬, 보람찬, 뿌듯한, 살맛나는, 설레는, 신나는, 의기양양한, 자랑스러운, 짜릿한, 좋은, 통쾌한, 후련한, 흐뭇한, 흡족한, 희망찬, 힘찬
즐거움	가뿐한, 경쾌한, 넉넉한, 명랑한, 밝은, 산뜻한, 상쾌한, 상큼한, 안락한, 유쾌한, 즐거운, 충만한, 편안한, 평온한, 평화로운, 풍성한, 풍요로운, 쾌적한, 화사한
사랑	감미로운, 감사하는, 건강한, 귀여운, 그리운, 느긋한, 다정한, 단란한, 달콤한, 따뜻한, 믿음직한, 보고 싶은, 부드러운, 사랑스러운, 상냥한, 생기발랄한, 수줍은, 순수한, 싱그러운, 애틋한, 예쁜, 정다운, 친밀한, 친숙한, 포근한, 행복한, 호감이 가는
욕심	간절한, 갈망하는, 갖고 싶은, 기대하는, 바라는, 부러운, 샘나는, 욕심나는, 질투심 나는
놀람	경이로운, 굉장한, 놀라운, 매혹적인, 믿기 어려운, 신기한, 환상적인, 황홀한, 흥분된

부정적인 느낌

유형	느낌들
분노	패씸한, 골치 아픈, 끓어오르는, 답답한, 떫은, 무시당한, 모욕적인, 버림받은, 복받친, 분개한, 불만스러운, 불쾌한, 성난, 약 오르는, 어이없는, 언짢은, 화나는, 황당한
슬픔	가여운, 괴로운, 공허한, 구슬픈, 낙담한, 마음 아픈, 막막한, 무기력한, 미어지는, 버려진, 불행한, 비참한, 비통한, 서글픈, 서러운, 서운한, 섭섭한, 속상한, 슬픈, 쓰라린, 쓸쓸한, 안쓰러운, 안타까운, 애달픈, 애석한, 애처로운, 우울한, 울적한, 외로운, 절절한
미움	거만한, 경멸스러운, 꼴사나운, 귀찮은, 냉랭한, 떨떠름한, 못마땅한, 성가신, 싫은, 싫증나는, 야속한, 얄미운, 정떨어지는, 지겨운, 질리는
두려움	겁먹은, 공포스러운, 긴박한, 긴장되는, 끔찍한, 두려운, 떨리는, 마비된, 무서운, 섬뜩한, 소름끼치는, 숨막히는, 암울한, 억눌린, 오싹한, 움츠려드는, 위험한, 절망스러운, 절박한, 조마조마한, 철렁한, 초조한
근심	걱정스러운, 곤혹스러운, 근심스러운, 꺼림직한, 난처한, 미심쩍은, 뒤숭숭한, 실망스러운, 염려되는, 조심스러운, 주저하는, 찝찝한

1월
JANUARY

1월

JANUAR

1일

지금 시작해도 늦지 않다

남들의 기대에 나를 맞춰 살다 보면 결국 자신의 꿈을 잃어버리고 원치 않는 삶을 살게 됩니다. 인생의 책장을 일찍 덮는다면 다음 페이지에 있는 멋진 인생을 발견할 수 없습니다.

미국의 국민 화가 모지스 할머니는 76세 때 그림을 시작해 101세에 세상을 떠날 때까지 1,600여 점의 작품을 남겼습니다. 그녀가 가장 많이 들었던 말은 '지금 시작하기에는 너무 늦었다.'는 말이었다고 합니다. 진정으로 자신의 꿈을 추구하는 사람에겐 바로 지금이 인생에서 가장 젊은 때입니다.

가장 많은 것을 이루는 자들은 아마 가장 많은 꿈을 꾸는 자들이다.
_스레판 리콕

새해에 다시 시작하고 싶은 나의 꿈은 무엇입니까?
이에 대한 나의 느낌은? _____

'지금부터라도 예전에 포기했던 꿈을 다시 시작해 보세요.'

2일

부부, 평생 연애하듯이 살자

　로맨스가 없는 결혼생활은 생기를 잃고 시들어 버린 화초와 같습니다. 기쁨과 활력이 넘쳤던 신혼 시절은 너무 짧았습니다. 서로의 목소리에 귀 기울여 주고, 서로 바라만 봐도 흐뭇하고, 서로에게서 떨어지려 하지 않았던 행복했던 그 시절은 추억이 되어 가슴에 묻혔습니다.

　로맨스는 언제든지 사랑의 열정을 타오르게 하는 불씨입니다. 결혼은 로맨스의 끝이 아니라 시작입니다. 가슴을 설레게 하는 로맨스는 지금부터 시작입니다. 우리 부부, 평생 연애하듯이 살아요.

로맨스는 부유한 자의 특권이지 빈곤한 자의 것이 아니다.
_오스카 와일드

최근 우리 부부가 함께 만든 로맨스는 무엇이 있습니까?
이에 대한 나의 느낌은? _____

'평소 배우자와 함께해 보고 싶은 로맨스를 실행에 옮겨 보세요.'

3일

결혼생활은 인생의 수련과정

결혼생활은 두 사람이 만나 사랑을 배워 가는 인생의 수련과정입니다. 아무도 결혼생활을 미리 배워서 준비된 상태로 시작하는 사람은 없습니다. 두 사람이 어려운 문제에 부딪쳐 허우적댄다면 이는 새로운 사랑의 기술을 배워야 한다는 신호이지 서로 싸우라는 신호가 아닙니다.

결혼생활은 배움의 연속입니다. 한 개인에게 발달단계가 있듯이 가족 역시 가족생활주기의 발달단계에 따라 요구되는 발달과제가 있습니다. 이를 해결하기 위해서는 배움의 자세가 중요합니다.

사랑은 배워야 한다. 끊임없이 배워야 한다. 사랑을 배우는 데는 끝이 없다.

_케서린 앤 포터

결혼생활을 잘 적응하기 위해서 내게 필요한 배움은 무엇입니까? 이에 대한 나의 느낌은? _____

'결혼생활이나 부부에 관련된 책을 구입해서 읽어 보세요.'

4일

져주는 지혜

부부는 가끔 별것 아닌 일을 가지고 서로 이기려고 다툴 때가 있습니다. 내가 옳다는 생각에 상대방을 굴복시켜 고치려 하기 때문입니다. 부부 사이에 이기고 지는 것은 별 의미가 없습니다. 서로가 이기려 할수록 갈등은 커지고 져 줄수록 오히려 부부의 정은 깊어집니다. 부부가 서로에게 져주며 사는 지혜가 행복하게 사는 비결입니다. 사랑에는 기쁘게 져줄 수 있는 성숙함이 있습니다.

남을 이기는 것은 용기 있는 것이나 그보다 더 큰 용기는 남에게 져주는 것이다.
_불경

배우자를 이기면 또는 져주면 어떤 좋은 점이 있습니까?
이때 나의 느낌은? _____

'지는 것이 이기는 것입니다. 앞으로는 배우자에게 무조건 져주세요.'

17

여자는 현실주의자, 남자는 이상주의자

여자는 자신의 눈으로 보고 납득한 것만 인정합니다. 또한 당장 자신에게 이익이 확실히 보여야 움직입니다. 여자가 현실주의자라면 남자는 이상주의자입니다. 남자는 현실이 만족스럽지 못해도 꿈과 야망만 있으면 희망을 잃지 않습니다. 남자는 이상을 좇아 살고, 여자는 현실에 매여 삽니다. 그래서 남자는 현실과 동떨어진 이야기를 하게 되고, 여자는 꿈을 잃어버린 메마른 삶을 살게 됩니다. 여자와 남자는 늘 평행선을 걷습니다.

여자에게는 심장이 세계이고, 남자에게는 세계가 심장이다.
_크리스천 D. 그라페

나와 배우자 사이에 좁혀지지 않는 평행선은 무엇입니까?
이에 대한 나의 느낌은? _____

'서로 나만 옳다고 우기지 말고 상대방의 의견에도 귀를 기울여 들어주세요.'

6일

자아상은 내가 만들어 가는 내면의 보물

우리는 자신이 보는 자아상대로 생각하고 행동하게 됩니다. 긍정적인 자아상을 가진 사람은 자신의 가치를 높게 평가하고, 자신을 사랑하고 존중하는 자존감을 갖고 있습니다. 부부는 서로의 자존감을 높여 주어 긍정적인 자아상을 갖도록 도와야 합니다. 내가 높은 자존감을 갖고 있으면 마음이 따뜻해져서 배우자를 이해하고 사랑할 수 있는 에너지가 생깁니다. 칭찬, 격려, 지지, 인정, 믿음, 신뢰는 자존감을 높여 주는 영양소입니다. 자아상은 내가 만들어 가는 내면의 보물입니다.

낮은 자존감은 계속 브레이크를 밟으며 운전하는 것과 같다.
_맥스웰 말츠

배우자의 자존감을 높여 주기 위해 어떤 도움을 주고 있습니까?
이에 대한 나의 느낌은? _____

'배우자의 자존감을 높여 주기 위해 매일 한 가지씩 잘한 점이나 달라진 점을 찾아 칭찬해 주세요.'

7일

행복의 시작은 관계

일이나 돈보다 관계가 우선입니다. 가족이나 주변 사람과의 관계가 좋을 때 행복해집니다. 모든 관계 중에서 최우선은 부부 관계입니다. 성공과 출세도 배우자가 인정해 주고 함께할 때 기쁨이 가장 큽니다. 부부 관계를 최우선으로 하는 결혼생활이 행복입니다. 부부 관계가 좋을 때 자녀들도 올바르게 성장합니다. 행복의 시작은 관계입니다.

우리는 보이지 않는 끈으로 연결되어 있다. 그것이 바로 관계다.
_레이먼드 조지

부부 관계를 최우선으로 실천하기 위한 방법 중 한 가지는?
이에 대한 나의 느낌은? _____

'직장이나 아이들보다 배우자와의 관계를 최우선에 두세요.'

배우자는 존경과 사랑의 대상

비교하는 심리는 인간의 본성입니다. 자신은 남들과 비교당하는 말을 듣기 싫어하면서도, 남들과 끊임없이 비교하기를 멈추지 않습니다. 비교는 자신뿐 아니라 배우자도 비참하게 만듭니다. 다른 누군가와 배우자를 비교하는 말은 상대방에게 상처를 줄 뿐만 아니라 부부싸움의 불씨가 됩니다. 사람은 누구나 자신만의 유일성을 갖고 있습니다. 배우자는 비교의 대상이 아니라 존경과 사랑의 대상입니다.

우리가 항상 어떤 것이나 어떤 사람과 비교하는 것이 갈등의 가장 큰 원인이다
_탈무드

배우자가 나를 다른 사람과 비교할 때는 어떤 생각을 하게 됩니까?
이에 대한 나의 느낌은? _____

'배우자를 다른 사람과 비교하지 않기로 지금 결심하세요.'

9일

1월

서운한 감정

별것도 아닌 일을 가지고 말하자니 내가 속이 좁은 사람이 되는 것
같아 그냥 참는 감정이 서운함입니다. 부부간에 서운한 감정이 생기는
이유는 배우자가 내 기대치에 미치지 못해 그 차이만큼 거리감이 느껴
지기 때문입니다. 서운한 감정은 배우자 탓이 아니라 기대한 만큼 얻
으려는 내 욕심 때문입니다. 부부 관계에서 서운한 감정을 억누르면
원망으로 이어집니다. 서운한 감정도 상대방에게 표현해 주면 사라집
니다. 표현되지 않는 감정은 결코 없어지지 않습니다.

서운함을 느꼈던 시간과 그 서운함을 표현하는 시간이 길어질수록
나와 그 사람 사이의 강은 깊고 커진다.
_혜민

배우자에게 가끔 서운한 감정을 갖게 될 때는 언제입니까?
이때 나의 느낌은? _____

'배우자에게 서운한 감정이 생기면 묵혀 두지 말고 바로 표현해 주세요.'

22

성적 친밀감이 부족하면

부부 사이에 성적 욕구가 충족되지 않으면 상대방에 대한 욕구불만
이 생겨 정서적 친밀감뿐만 아니라 성적 친밀감도 떨어집니다. 모든
부부 문제는 성적 친밀감과 밀접한 연관이 있습니다.

부부가 성적으로 친밀하면 부부 관계에 10%의 에너지만 투입해도
충분하지만, 성적 친밀감이 부족하면 부부 관계에 90%의 에너지를 투
입해도 욕구불만은 해소되지 않습니다. 부부의 원만한 성생활은 욕구
불만을 해소하고 친밀감을 회복시켜 주는 특효약입니다.

대부분 여자들은 섹스가 인생에서 중요하다고 생각하지 않지만, 대부
분 남자들은 그렇게 생각한다.
_케빈 리먼

배우자와 성적 친밀감이 부족하게 느껴지면 어떻게 반응합니까?
이에 대한 나의 느낌은? _____

'부부는 수시로 포옹이나 입맞춤 같은 애정표현으로 성적 친밀감을 키우세요.'

여자에게 사랑받는다는 확신이 필요한 이유

여자에게 사랑이란 감정은 매우 특별하고 소중합니다. 현재의 행복감을 느끼게 하는 감정이 사랑이기 때문입니다. 그래서 아내는 사랑하는 남편으로부터 그 사랑을 지속적으로 확인받기를 원합니다. 아내가 "자기, 나 사랑해?"라고 묻는 이유는 남편의 사랑에 대한 확신이 미흡해서입니다. 남편들은 이 사실을 잘 모르기 때문에 아내에게 사랑을 표현하는 데 인색합니다. 남자에게는 인정받는 것이 중요한 것처럼 여자에게는 사랑받는다는 확신이 필요합니다.

인생에서 가장 행복할 때는 누군가에게 사랑받는다고 확신할 때이다.
_빅토르 위고

배우자의 어떤 말이나 행동이 내게 사랑받고 있다는 확신을 줍니까?
이에 대한 나의 느낌은? _____

'남편들은 아내에게 하루에 세 번 사랑한다고 말해 주세요.'

12일

2·2·1 아내 사랑법

남편들이 별도의 시간과 돈을 들이지 않고 아내를 쉽게 사랑하는 2·2·1 사랑법이 있습니다. 하루 두 번 안아 주고, 두 번 전화나 카톡을 하고, 한 번 칭찬하는 방법입니다. 출퇴근할 때는 아내를 꼭 안아 주면서 "사랑해요."라고 말합니다. 점심때는 "식사했어요?" 퇴근할 때는 "뭐 필요한 거 없어요?"라고 연락합니다. 또 하루에 한 번 이상 아내의 외모나 사랑스러운 점을 칭찬합니다. 사랑은 의무가 아니라 생활입니다.

중요한 것은 사랑받는 것이 아니라 사랑하는 것이다.
_서머셋 몸

배우자에게 사랑을 받는다고 느낄 때는 언제입니까?
이때 나의 느낌은? _____

'남편들은 하루에 한 번 이상 아내의 외모나 사랑스러운 점을 칭찬해 주세요.'

13일

상처받는 것이 두려울 때

상처받는 것이 두려워서 피하기만 하는 부부 관계는 사랑이 죽어 버린 무덤과 같습니다. 자신의 감정을 가슴속에 묻어 둠으로써 사랑은 점점 무감각해지고 열정은 사그라집니다. 상처받는 두려움 때문에 사랑을 거부해서는 안 됩니다. 사랑한다는 것은 결국 상처받기 쉬운 상태가 되는 것입니다. 한 번은 두려움을 마주하고 헤쳐가야 더 이상 상처받지 않습니다. 참된 용기는 두려움에서 시작됩니다. 우리가 진정 슬퍼할 일은 사랑하는 힘을 잃어버리는 것입니다.

사랑은 상처를 허락하는 것이다.
_공지영

배우자에게 상처받는 두려움의 실체는 무엇입니까?
이에 대한 나의 느낌은? _____

'상처받는 두려움 때문에 사랑을 거부하지 마세요. 진정한 사랑은 두려움을 이기는 힘을 갖고 있음을 기억하세요.'

14일

배우자를 고치는 비결

부부들은 서로에게 잔소리를 많이 합니다. 잔소리는 하는 사람과 듣는 사람 모두를 고통스럽게 합니다. 그런데도 잔소리를 계속하는 이유는 자신의 생각대로 배우자를 고치기 위해서입니다. 자기 자신도 잘안 되는데 하물며 배우자가 잔소리를 한다고 고쳐질 리가 없습니다.

배우자를 고치고 싶다면 방법을 바꿔야 합니다. 배우자의 잘못한 점에 대해 잔소리하는 대신 조금이라도 잘하는 점을 찾아서 진심으로 칭찬하고 격려해 주세요. 배우자를 고치는 비결은 상대방을 고치겠다는 자신의 마음을 바꾸는 것입니다.

상대의 장점을 먼저 칭찬하고 그다음 단점을 지적하라.
_앤드류 매튜스

배우자의 어떤 점을 칭찬해 주고 싶습니까?
이에 대한 나의 느낌은? _____

'부부는 잔소리보다는 서로를 칭찬해 주세요.'

15일

결혼의 가치

결혼생활이 때로 고되고 힘들고 지루한 것이라고 여겨질 때, 그 생활을 소중하고 특별하고 경이롭게 변화시키는 것은 사랑입니다. 결혼의 진정한 가치는 사랑에 있습니다. 사랑의 영양분인 관심, 칭찬, 존중, 배려를 계속 공급 받지 못하면 사랑은 이내 시들고 맙니다. 부부들은 결혼의 가치를 떨어뜨리는 무관심, 이기심, 실망, 체념에 맞서 사랑을 키우기 위해 노력해야 합니다. 부부는 상대방의 부족한 점을 채워주고, 서로를 존중하고, 자주 애정표현을 하는 것만으로도 사랑을 키울 수 있습니다.

사랑은 자신 이외에 다른 것도 존재한다는 사실을 어렵사리 깨닫는 것이다.
_아이리스 머독

우리 부부의 사랑을 키우기 위해 가장 필요한 점은 무엇입니까?
이에 대한 나의 느낌은? _____

'결혼생활에서 사랑을 키우는 관심, 칭찬, 존중, 배려 같은 영양분을 계속 공급해 주세요.'

16일

부부 의식

활력 있는 부부 관계를 위해 부부만의 의식ritual이 필요합니다. 부부 의식이란 부부가 반복적이고 의도적으로 함께하는 크고 작은 행사를 말합니다. 의식이라고 해서 큰 의식일 필요가 없습니다. 매일 할 수 있는 작은 의식이 더 좋습니다. 그 예로는 매일 일 분간 포옹, 매주 한 번의 데이트, 한 달 한 번의 여행 등이 있습니다. 부부 의식은 둘만의 소속감과 유대감을 높여 주는 활력소입니다.

일상적인 의례나 의식은 행위를 촉진하고 소속감을 심어 주며 변화에 더 쉽게 적응할 수 있도록 도와준다.
_하이디 그랜트 할버슨

우리 부부가 매일, 매주, 매달 규칙적으로 하고 싶은 부부 의식은?
이에 대한 나의 느낌은? _____

'부부가 상의해서 부부만의 의식을 한 가지 정하고 이를 바로 실천해 보세요.'

17일

결정은 함께 상의해서

가정에서 부부 중에 누구의 영향력이 우세한지는 의사결정권을 보면 알 수 있습니다. 부부는 평등한 관계이므로 의사결정도 부부 공동으로 해야 서로 불만이 없습니다. 부부는 작은 일이라도 함께 상의해서 결정해야 합니다. 일방적인 결정은 상대 배우자에게 소외감을 안겨줍니다.

결정하는 과정도 중요합니다. 상대방을 존중하고 배려하는 과정에서 서로의 장점을 배우게 되고, 미흡한 점을 보완해 올바른 결정을 내릴 수 있습니다. 가정에서 부부의 지위는 평등합니다.

우리가 무슨 생각을 하느냐가 우리가 어떤 사람이 되는지를 결정합니다.

_오프라 윈프리

최근 배우자가 나와 상의하지 않고 혼자 결정한 집안일은 무엇입니까?
이에 대한 나의 느낌은? _____

'사소한 집안일이라도 배우자와 함께 상의해서 결정하세요.'

아내에게 점수 따는 좋은 방법

아내들은 무엇을 해 주느냐보다 얼마나 자주 해 주느냐에 더 높은 비중을 둡니다. 이 사실을 모르는 남편들은 비싼 선물을 하면 아내에게 큰 점수를 받을 것으로 착각합니다. 아내는 선물의 가격이 비싸든 싸든 상관없이 모두 비슷한 점수를 줍니다. 또 아내는 부담되는 선물을 그다지 좋아하지 않습니다. 아내에게 점수 따는 좋은 방법은 부담이 적은 선물로 자주 해 주는 것입니다. 아내에게 값진 선물은 남편의 관심입니다.

아내에게 부담이 적은 선물을 자주 해 주어라. 값비싼 선물은 한 번이면 족하다. 그 고가품은 아내가 친구에게 자랑하기 위한 것이고, 나머지는 당신이 아내에게 잊지 않고 자주 생각하고 있다는 것을 알리기 위해서이다.

_H. 보일레

> 배우자에게 받은 선물 중에서 가장 점수를 주고 싶은 선물은 무엇입니까?
> 이에 대한 나의 느낌은? _____

'오늘 아내에게 부담이 적은 선물을 준비해서 전해 주세요.'

부부가 말다툼을 하는 이유

부부가 말다툼하는 이유는 상대방이 자신과 다른 이야기를 한다고 생각하기 때문입니다. 그러나 둘은 같은 내용을 서로의 입장에서 다르게 표현한 것뿐입니다. 그저 내 입장에서 문제를 해결하려다 보니 꼬이고 커지게 됩니다. 내 입장보다는 상대방 입장에 서서 생각해 볼 필요가 있습니다. 상대방의 입장을 이해하려면 배우자의 말을 잘 들어야 합니다. 그러면 배우자가 무엇을 원하는지 바로 알게 되어 타협점을 찾을 수 있습니다. 부부간의 다툼은 잘 듣는 것만으로도 대부분 해결됩니다.

자신의 결점을 잘 알고 있는 사람은 남의 결점에 대해 이렇다 저렇다 잔소리하거나 추궁하는 일이 결코 없다.
_사디

배우자가 나와 다른 이야기를 한다고 생각될 때는 언제입니까? 이때 나의 느낌은? _____

'배우자가 말할 때는 마음을 듣기 위해 경청하세요.'

사랑받기를 바라는 아내, 인정받기를 원하는 남편

친구와 만났던 이야기나 옆집 여자의 험담 같은 아내의 이런 말들의 밑바탕에는 '나는 괜찮은 여자이니 이런 나를 사랑해 달라.'라는 의도가 깔려 있습니다. 직장에서의 일과 장래의 포부나 희망에 관한 남편의 이런저런 말들은 '나는 이렇게 멋진 남자이니 당신도 인정해 달라.'라는 마음이 담겨 있습니다.

아내는 사랑받기 위해 말하고, 남편은 인정받기 위해 말합니다. 그래서 배우자가 하는 말에 무관심을 보이거나, 칭찬이나 공감하는 말을 해 주지 않으면 서로가 통하지 않는다는 느낌만 남습니다.

사랑받고 싶다면 사랑하라. 그리고 사랑스럽게 행동하라.
_벤저민 플랭클린

내가 배우자에게 진정 바라는 점은 무엇입니까?
이에 대한 나의 느낌은? _____

'아내는 사랑을, 남편을 인정을 바란다는 사실을 명심하세요.'

21일

배우자의 가족은 나의 자산

서로 다른 가족문화에서 성장한 부부는 상대 배우자의 가족문화에 익숙하지 않아 적응하는데 시간이 걸립니다. 배우자의 가족도 나의 가족입니다. 그들과의 긍정적인 관계는 자신의 인생에서 중요한 자산입니다. 배우자의 가족과 화목한 관계를 갖고 싶다면 그들의 독특한 개성을 이해하고 존중해야 합니다. 내가 먼저 그들에게 손을 내밀고 다가가야 진정한 가족이 될 수 있습니다.

가족들이 서로 맺어져 하나가 되어 있다는 것이 정말 이 세상에서의 유일한 행복이다.
_마리 퀴리

> 처가나 시댁과 좋은 관계를 맺기 위해서 노력해야 점은?
> 이에 대한 나의 느낌은? _____

'배우자의 가족을 짐으로 여기지 말고, 내게 도움이 되는 자산이라고 스스로 마음을 고쳐먹으세요.'

22일

며느리와 사위

과거에 며느리가 시댁 사람이 되기를 요구받았던 것처럼 요즘은 사위들도 처가 구성원으로서의 의무를 다해야 한다는 압박감을 갖고 있습니다. 따라서 며느리들은 시댁에 가는 일이 꺼려지고, 사위들도 처가에 가자는 말을 선뜻 하지 못합니다. 이는 배우자의 가족과 친밀감이 낮기 때문입니다. 새로운 가족과 한식구가 되려면 서로가 마음을 열고 가까워지기 위해 노력해야 합니다. 부모도 그들에게 항상 좋은 말과 따뜻한 배려로 공경의 씨앗을 뿌려야 합니다.

사람을 가장 감동시키는 것은 가슴속에서 우러나오는 말이다.
_요한 볼프강 폰 괴테

배우자 식구들과 한 가족으로 융화되는 데 어떤 장애가 있습니까?
이에 대한 나의 느낌은? _____

'새로운 가족에게는 마음을 열고 상냥하고 친절한 말로 반갑게 대해 주세요.'

새로운 명절문화

명절문화가 변화하고 있습니다. 전통 차례를 지내지 않는 가정이 늘고, 시가와 처가의 구분이 없어지고, 가족보다는 개인을 중시하고, 명절 연휴기간을 재충전하는 휴식기간으로 생각하는 분위기가 확산되고 있습니다. 명절이라고 해서 항상 가족들이 모여야 된다는 생각도 변하고 있습니다. 새로운 명절문화에 맞춰 가족 모두 의식이 변해야 가족 간에 갈등을 줄일 수 있습니다. 가족은 영원한 마음의 고향입니다.

가정이야말로 고달픈 인생의 안식처요, 모든 싸움이 자취를 감추고 사랑이 싹트는 곳이요, 큰 사람이 작아지고 작은 사람이 커지는 곳이다.
_허버트 G. 웰즈

내가 느끼고 있는 새로운 명절문화에는 어떤 것들이 있습니까?
이에 대한 나의 느낌은? _____

'우리 가족에 영향을 주는 새로운 명절문화에 대해 대화를 나눠 보세요.'

부부 대화는 내 이야기를 하는 것

대화의 시작은 먼저 자기 자신에게 귀를 기울이는 것입니다. 현재 자신의 마음 안에 있는 생각과 느낌 그리고 욕구가 무엇인지 정확히 알아야 합니다. 그래야 대화할 때 상대방이 아닌 자신에 대해 이야기할 수 있습니다. 부부 대화도 서로 상대방의 이야기를 하는 것이 아니라 내 이야기를 하는 것입니다. 내 이야기를 할 때 진심이 전해지고 말에 대한 책임 의식도 갖게 됩니다.

결혼생활은 긴 대화이다. 때로는 다툼이 그 위에 재미를 더한다.
_닐 스티븐스

배우자가 자신의 이야기만 하면 어떤 생각이 듭니까?
이때 나의 느낌은? _____

'부부가 대화할 때는 상대방 이야기보다는 내 이야기부터 하세요.'

성격이 다르면 사랑하는 방식도 다르다

부부는 서로 사랑을 안 해서가 아니라 자기방식대로 사랑하기 때문에 상대방에게 사랑이 전달되지 않습니다. 심지어는 오해까지 합니다. 성격이 다르면 사랑하는 방식도 다릅니다. 사랑을 할 때는 자기방식대로 사랑을 주고 사랑을 받을 때는 자기방식대로 받기를 원합니다. 이런 일방적인 사랑은 자기만족입니다. 부부간에 성격 차이를 느끼는 이유도 내가 받고 싶은 사랑과 상대방이 주는 사랑이 다르기 때문입니다. 사랑은 서로가 원하는 방식대로 주어야 합니다.

사람들은 자신의 생각을 말하는 것이 자신의 성격을 드러내게 되는 것인데도 의외로 그것을 잘 모르는 눈치다.
_랄프 왈도 에머슨

배우자에게 사랑을 어떤 방식으로 받고 싶습니까?
이에 대한 나의 느낌은? _____

'내가 주는 사랑의 방식과 배우자가 원하는 사랑의 방식이 어떻게 다른지 대화로 확인해 보세요.'

결혼한 독신생활

부부가 각자의 일이나 육아, 여가, 취미에 몰두하여 마치 독신자처럼 따로 생활하는 것을 '결혼한 독신생활'이라고 합니다. 이는 배우자에 대한 실망과 결혼에 대한 꿈과 희망이 사라지면서, 그 보상을 다른 곳에서 찾으려는 습관화된 행동입니다. '결혼한 독신생활'은 부부가 친밀해지는 것을 방해하여 부부 사이를 멀어지게 합니다. 부부는 따로 지내기보다는 의식적으로 함께하도록 노력해야 합니다.

아내 없는 남편은 고삐 풀린 말이고, 남편 없는 아내는 잡을 방향키가 없는 배다.
_이탈리아 속담

배우자가 결혼한 독신생활을 한다고 느껴졌을 때는 언제입니까?
이때 나의 느낌은? _____

'가정에서 부부가 따로 보내는 시간을 줄이고 함께하는 시간을 늘리세요.'

부부 관계도 대물림된다

　부부 관계도 자녀에게 대물림됩니다. 우리는 어린 시절에 목격한 부모의 부부 관계를 답습하거나 아니면 반대로 행동하려고 노력합니다. 부모의 부부 관계, 부모와 나의 관계 그리고 나의 부부 관계는 고리로 연결되어 현재도 계속 영향을 미치고 있습니다. 지금 나의 부부 관계는 단순히 내 대에서 끝나지 않고 자녀의 대까지 대물림됩니다. 그래서 나부터 대물림되는 악순환의 고리를 찾아 끊어내야 합니다. 부모의 부부 관계는 자녀에게 운명이 됩니다.

역사로부터 아무것도 배우지 못한 자는 그 역사를 다시 살아갈 수밖에 없다.
_화자 미상

우리 부부 관계가 어떻게 자녀에게 대물림되고 있습니까?
이에 대한 나의 느낌은? _____

'부부의 말과 행동이 자녀들에게 대물림된다는 생각을 갖고 항상 조심하세요.'

용서는 사랑의 선택

부부는 서로에게 상처를 주기도 하지만 용서하고 치유하는 힘도 갖고 있습니다. 상처는 상대방을 용서해야 치유가 됩니다. 용서는 상대방과의 관계 회복을 위한 것이기도 하지만, 자기 자신을 자유롭게 하기 위해서도 필요합니다. 용서하기 위해서는 먼저 자신을 아프게 한 상대방을 이해하고 다시 받아들여야 합니다. 이런 용서의 과정을 거쳐야 치유가 이루어집니다. 용서는 부부로서 다시 상처 없이 완전해지기 위한 사랑의 선택입니다.

용서는 하늘에서 내리는 보슬비처럼 온다. 이는 용서하는 자뿐만 아니라 받는 자에게도 축복이다.
_윌리엄 셰익스피어

> 지금까지 배우자를 용서하지 못해 힘들어하는 점은 무엇입니까?
> 이에 대한 나의 느낌은? _____

'부부가 서로 상대방을 용서하지 못하고 있는 일들을 적고, 이에 대해 대화를 해 보세요.'

존중은 상처를 막아 주는 보호막

자신의 외모에 대해 열등감을 갖고 있는 사람은 남의 외모에 대해 비난이나 험담도 잘합니다. 또한 남이 자신의 외모에 대해 이야기할 때는 쉽게 상처를 받습니다. 남에게 상처를 받는다는 것은 상대방이 내 안의 열등감을 자극해서입니다. 상처의 뿌리는 열등감입니다. 내가 상처받는 것처럼 배우자도 나와 똑같이 상처받기 쉬운 존재임을 알아야 합니다. 존중은 상처를 막아 주는 보호막입니다.

열등감이란 스스로의 인정 없이는 절대로 생기지 않는다.
_엘리너 루즈벨트

배우자에게 자주 상처받는 나의 열등감은 무엇입니까?
이에 대한 나의 느낌은? _____

'배우자에게 자주 상처받는 말이나 행동이 있다면, 내 안의 열등감과 어떤 관계가 있는지 자신의 내면을 성찰해 보세요.'

칭찬은 사랑의 다른 말

본인은 칭찬받기를 갈망하면서도 정작 남을 칭찬하는 일에 인색합니다. 특히 배우자를 칭찬하는 데는 더욱 인색합니다. 건강한 관계를 유지하는 부부들은 아이들, 친척들, 친구들, 동료들 앞에서 서로에 대해 칭찬을 자주 합니다. 다른 사람들 앞에서 "우리 남편은 자상해요.", "아내는 요리 솜씨가 좋아요."와 같이 상대 배우자를 칭찬하는 말은 부부의 자존감과 친밀감을 높여 줍니다. 칭찬은 부부 관계를 긍정적으로 변하게 합니다. 칭찬은 사랑의 다른 말입니다.

남의 좋은 점을 발견할 줄 알아야 한다. 그리고 남을 칭찬할 줄도 알아야 한다. 그것은 남을 자기와 동등한 인격으로 생각한다는 의미를 갖는 것이다.
_요한 볼프강 폰 괴테

다른 사람 앞에서 듣고 싶은 배우자의 칭찬은 무엇입니까?
이에 대한 나의 느낌은? _____

'다른 사람들 앞에서 배우자를 자주 칭찬해 주세요.'

31일

화해는 하루가 지나기 전에

부부싸움 후에 서로 말하지 않는 시간이 길어지면 감정의 골은 더욱 깊어집니다. 부부는 하루가 지나기 전에 화해를 해야 합니다. 서로가 앙심을 품고 하루를 보내게 되면 친밀감은 사라지고 미움과 원망이 뿌리를 내리게 됩니다. 화해는 서로의 자존심을 버리기만 하면 언제든지 가능합니다. 두 사람 중에 누구라도 먼저 "내가 잘못했어요."라고 말하기만 해도 화해는 이루어집니다. 말다툼이 일상이듯이 화해도 일상이 되어야 합니다. 화해를 잘하는 부부가 금슬이 좋습니다.

남편과 아내가 다투는 것은 늘 일어나는 자연스러운 일이지만 절대로 화해를 하지 않고는 하루를 끝내지 말아야 한다. 왜냐하면 화해에는 그저 작은 표현만 있으면 되기 때문이다.
_프란치스코 교황, 〈결혼식 주례사〉 중에서.

부부싸움 후에 화해하는 시간을 줄이려면 무엇부터 먼저 해야 합니까?
이에 대한 나의 느낌은? _____

'부부싸움 후에 화해는 하루를 넘기지 않도록 하세요.'

■ 느낌의 다양한 표현 방법들

유형	구체적인 느낌 표현
자연	아름다운 저녁노을을 볼 때처럼 **황홀한** 느낌
강도	가장 아플 때를 10이라고 할 때 5만큼 **아픈** 느낌
맛	아이스크림처럼 **달콤한** 느낌
감촉	비단옷을 만질 때처럼 **부드러운** 느낌
소리	귀청을 찢는 마이크 소리처럼 **불쾌한** 느낌
색깔	잿빛처럼 **우울한** 느낌
날씨	무더위에 소나기가 내릴 때처럼 **상쾌한** 느낌
이미지	돌아가신 어머니가 생각날 때처럼 **슬픈** 느낌
신체적 반응	마치 체한 것처럼 **답답한** 느낌
비슷한 과거 경험	당신 손을 처음 잡았을 때처럼 **짜릿한** 느낌
	어두운 산길을 걸을 때처럼 **무서운** 느낌
	첫아이를 낳았을 때처럼 **감격스러운** 느낌
	지하철 막차를 탔을 때처럼 **다행스러운** 느낌
	아파서 혼자 누워 있을 때처럼 **서러운** 느낌
	약속 시간에 늦었을 때처럼 **미안한** 느낌
	긴 가뭄 끝에 단비가 올 때처럼 **반가운** 느낌
	미끄러운 눈길을 걸을 때처럼 **긴장된** 느낌
	화장실에서 휴지가 없을 때처럼 **황당한** 느낌

2월
FEBRUARY

2월

FEBRUARY

1일

결혼의 의미

부부는 '사랑하기' 때문에 결혼한 것이 아니라, '사랑하려고' 결혼한
것입니다. 서로가 '사랑하기' 때문에 결혼하게 되면 서로에 대한 사랑
이 식었을 때 더 이상 함께 살아가야 할 이유도 사라집니다. 부부는 '사
랑하려고' 결혼했기 때문에 온갖 어려움을 사랑으로 이겨 낼 수 있습
니다. 부부가 서로를 알아가고 사랑하는 여정은 인생에서 경험할 수
있는 가장 보람 있고 경이로운 일입니다. 행복은 사랑하려고 노력하는
과정에서 주어지는 선물입니다.

결혼의 진정한 의미란 완전한 사람, 그리고 삶으로부터 도망치지 않
는 책임감 있고 자율적인 존재가 되도록 서로 도와주는 것이다.
_폴 투르니에

> 나에게 결혼은 어떤 의미가 있습니까?
> 이에 대한 나의 느낌은? _____

'결혼은 인생에서 경험할 수 있는 가장 보람 있고 경이로운 일임을 기억하세요.'

부부의 친밀감

부부의 친밀감은 서로를 이해하고, 존중해 주며, 상대가 원하는 것을 얻을 수 있도록 배려해 줄 때 생깁니다. 서로가 특별한 노력을 기울이지 않으면 친밀감은 바쁜 일상생활에 휩쓸려 쉽게 유실됩니다. 부부 사이에 친밀감이 사라지면 짜증, 비난, 불만은 커집니다. 부부의 친밀감은 함께 있는 시간과 대화의 양에 비례합니다. 부부가 함께 있는 동안만이라도 친밀감을 빼앗는 휴대폰, TV, 컴퓨터 등을 의식적으로 멀리해야 합니다. 부부 관계의 핵심은 친밀감입니다.

결혼을 이루는 것은 결혼식이나 정부에서 발행한 증명서가 아니라 바로 친밀감이다.

_캐슬린 노리스

우리 부부의 친밀감을 높이기 위해 노력해야 할 점은 무엇입니까?
이에 대한 나의 느낌은? _____

'오늘은 부부가 핸드폰, TV, 컴퓨터를 끄고 온전히 함께 시간을 보내세요.'

아내가 입을 열면 남편은 귀를 열어야

남편들은 아내의 말을 건성으로 듣는 경향이 있습니다. 아침에 아내가 실컷 했던 이야기를 저녁에 남편은 전혀 들은 기억이 없다고 발뺌합니다. 이런 일은 한두 번이 아니라 매일 있는 일상입니다.

남편에게 꼭 전할 말이 있다면, 아내는 "당신에게 할 말이 있는데, 지금 괜찮아요?"라고 먼저 묻습니다. 남편이 아직 들을 준비가 안 되었다면, 아내는 그가 하던 일을 마칠 때까지 기다려 줘야 합니다. 아내가 입을 열면 남편은 귀를 열어야 합니다.

사랑의 첫 번째 의무는 바로 상대방의 말에 귀를 기울이는 것이다.
_폴 틸리히

배우자가 내 말을 건성으로 들으면 어떤 생각이 듭니까?
이때 나의 느낌은? _____

'배우자가 말을 하면 하던 일을 멈추고 상대방을 보면서 귀는 활짝 열어 두세요.'

가정법적 생각

무뚝뚝한 남편을 둔 아내는 '남편이 좀 더 자상하다면' 하는 아쉬움을 갖습니다. 반대로 아내와 갈등이 있는 남편은 '그때 다른 여자와 결혼을 했더라면' 하고 살짝 후회할 수도 있습니다. 이런 가정법적 생각들이 배우자를 있는 그대로 받아들이지 못하게 합니다. 아쉬움과 후회는 자신을 성찰하여 보다 성숙된 행동방식을 선택할 수 있는 성장의 기회를 제공합니다. 생각이 바뀌면 감정도 바뀌고 행동도 바뀝니다.

생각이 바뀌면 행동이 바뀌고, 행동이 바뀌면 습관이 바뀌고, 습관이 바뀌면 인격도 바뀌고, 인격이 바뀌면 운명도 바뀝니다.
_윌리엄 제임스

배우자를 있는 그대로 받아들이지 못하고 아쉬워하는 점이 있다면?
이에 대한 나의 느낌은? _____

'배우자의 성격이나 부족한 점을 고치려고 애쓰지 말고, 배우자를 있는 그대로 받아들이려고 노력하세요.'

여자는 인간관계, 남자는 사실관계

여자는 대화의 초점을 인간관계에 두고 있는 데 반해 남자는 사실관계에 두려는 경향이 있습니다. 여자들은 대화의 주목적이 상대방과의 돈독한 인간관계에 있기에 자신이 설사 동의하지 않아도 상대의 말에 일단 긍정하고 공감을 해 줍니다. 반면 남자들은 대화 내용을 사실관계에 초점을 맞춥니다. 그것에 대한 사실 여부를 판단하고 어떻게 대처할지 결론을 내리면 바로 행동으로 돌입합니다. 이런 남녀의 대화방식의 차이가 대화를 엇박자를 나게 하며 서로의 감정을 상하게 합니다.

부부간의 대화는 외과 수술과 같이 신중하지 않으면 안 된다. 어떤 부부는 정직이 너무 지나쳐 건강한 애정까지 메스를 들이대어 죽여 버리기도 한다.
_앙드레 모로아

배우자와 대화방식의 차이로 감정이 상하게 될 때는 언제입니까? 이때 나의 느낌은? _____

'배우자와 대화할 때는 나와 생각이나 느낌이 어떻게 다른지 유심히 지켜보세요.'

가사분담에 대한 인식의 차이

가사분담에 대한 부부 갈등은 불공평한 분담보다는 부부간에 인식의 차이가 원인입니다. 부부가 가사를 공평하게 분담해야 한다는 사회적 인식은 갈수록 높아지고 있으나, 아직도 육아와 가사는 아내일이라고 인식하고 있는 남편들이 많습니다.

이러한 남편들의 인식이 바뀌려면 직장만 일터라는 고정관념에서 스스로 벗어나야 합니다. 그들이 일과 가정의 균형을 맞추려고 노력할수록 사랑과 행복을 얻을 수 있습니다. 아내가 과소평가하고 남편이 과대평가하는 게 가사분담입니다.

결혼이란 단순히 두 사람의 영적 교감이 아니다. 잊지 않고 쓰레기를 내다 버리는 일이기도 하다.
_조이스 브라더스

배우자와 가사분담에 대해 어떤 점이 개선되기를 바랍니까?
이에 대한 나의 느낌은? _____

'남편들은 아내와 서로 집안일을 공평하게 분담하되 서로를 도와주세요.'

행복의 필요충분조건

가정에서 남편과 아내의 목표는 같습니다. 바로 행복입니다. 미래는 지금보다 더 행복해지기를 원합니다. 그런데 남편들은 사회적, 경제적 성공이 행복의 필요조건으로 생각하는 데 반해 아내들은 남편의 사랑과 가정의 풍요로움이 행복의 충분조건이라고 생각합니다. 이처럼 부부는 목표는 같지만 지향하는 방향을 다르기 때문에 갈등이 생길 수밖에 없습니다. 행복의 필요충분조건은 남편의 일과 아내의 가정 간에 균형과 조화를 이루어 갈등이 없는 평온한 상태를 말합니다.

행복하게 산다는 것은 마음의 평온함을 뜻한다.
_마르쿠스 툴리우스 키케로

> 가정에서 행복을 무엇이라고 정의하고 싶습니까?
> 이에 대한 나의 느낌은? _____

'배우자와 내가 생각하는 행복은 어떤 차이가 있는지 대화해 보세요.'

8일

처음 사랑했을 때의 기억을 회복하라

어떤 노부인은 프러포즈를 받았을 때 너무 기쁘고 놀라서 들고 있던 꽃병을 깨뜨렸습니다. 그녀는 그때의 설렜던 감정을 간직하기 위해 식탁 위에 깨진 꽃병을 50년째 두고 있습니다.

배우자와 처음 사랑했을 때의 예민함을 항상 잃지 말아야 합니다. 배우자와 처음 손잡고, 첫 키스하고, 프러포즈를 받았을 때의 기억을 회복하여 그 느낌을 지금 생생하게 느껴보세요. 사랑은 언제나 처음에 있고 현재에 있습니다.

사랑을 함으로써 인생이 아름다워졌다. 그리고 자신이 살아 있음을 알게 되었다.
_카를 쾨르너

배우자와 처음 사랑을 하면서 가장 기억에 남는 추억은 무엇입니까? 이에 대한 나의 느낌은? _____

'부부가 처음 만났던 날을 부부의 기념일로 정하고 자축행사를 가져 보세요.'

9일

불만과 감사의 결과는 하늘과 땅 차이

배우자에 대한 불만의 대부분은 내 입맛에 맞게 배우자가 태도를 바꿔 주지 않아서 일어난 일입니다. 배우자 또한 나에 대해 불만이 있지만 나만큼 표현을 안 하고 있을지도 모릅니다. 나도 모르게 일어난 배우자에 대한 불만들은 다시 생각하면 감사한 일이기도 합니다. 배우자가 내게 사랑할 기회를 그만큼 주었기 때문입니다. 불만과 감사는 종이 한 장 차이지만 그 결과는 하늘과 땅 차이입니다.

인간의 행복의 원리는 간단하다. 불만에 자기가 속하지 않으면 된다. 어떤 불만으로 해서 자기를 학대하지 않으면 인생은 즐거운 것이다.
_버트런드 러셀

배우자에게 갖고 있는 불만은 어떤 것들이 있습니까?
이에 대한 나의 느낌은? _____

'배우자에 대해 불만이 생기면 감사할 수 있는 기회를 준 것을 고맙게 생각하세요.'

성생활도 계획을 세워서 해야

대부분 부부들은 성관계를 서로의 기분에 따라 즉흥적으로 치르는 경향이 있습니다. 연구에 의하면 즉흥적인 성관계보다 계획을 세워서 할 때 성생활에 대한 만족도가 높다고 합니다. 부부는 미리 성생활의 계획을 세워 달력에 표시해 둡니다. 그날이 되면 남편은 미리 귀가시간을 아내에게 알리고 가벼운 선물을 준비해 갑니다. 아내도 로맨틱한 밤을 보낼 여러 가지 준비를 합니다. 여자는 성에 대한 기대감이 높을수록 성적 욕구도 커집니다.

사랑 대신에 섹스를 택하지 말고 사랑에 대한 축하로 섹스를 선택하라.
_패트로에르베

성생활의 계획을 세운다고 할 때 기대되는 점과 실행하기 어려운 점은?
이에 대한 나의 느낌은? _____

'매월 각자 월간일정표를 세울 때 배우자와 상의해서 성관계하는 날을 정해 보세요.'

11일

느낌 대화

'당신'을 주어로 시작하는 말은 상대방의 속마음을 결코 다 알 수 없기 때문에 항상 틀린 말을 하는 셈입니다. 반면 '나'를 주어로 말할 때는 내 마음을 잘 표현하여 상대방에게 전달할 수 있습니다. 그러나 '나'를 주어로 말하는데 어려운 점은 부정적인 감정이 일어났을 때 이를 어떻게 조절해서 표현하느냐입니다. 자신의 느낌을 말하는 느낌 대화는 부정적인 감정을 표현하는데 가장 적합한 대화 방법입니다. 느낌은 공감의 언어입니다.

성숙한 사람은 여러 가지 감정의 미묘한 차이를 마치 교향곡의 여러 음처럼 강하고 정열적인 것부터 섬세하고 예민한 느낌까지 모두 구별할 능력이 있다.
_롤로 메이

내 자신의 느낌을 배우자에게 표현하는 데 어려운 점은 무엇입니까? 이에 대한 나의 느낌은? _____

'배우자와 대화할 때는 자신의 생각보다는 느낌을 표현하도록 노력하세요.'

12일

가식적 행동

우리는 모두 슬픔, 아픔, 두려움, 고통들을 갖고 살아갑니다. 배우자에게 이런 자신의 연약한 부분을 보여 주고 싶지 않은 사람은 괜찮은 척하며 가식적인 행동을 하게 됩니다. 슬프고, 괴롭고, 화난 일이 있어도 상대방에게 털어놓지 않고 속으로 참다 보면 결국 마음의 병이 되고, 부부 사이를 더 멀어지게 합니다. 우리는 고통 없이 살려고 결혼한 것이 아니라 깨진 마음을 가지고 서로 사랑하기 위해 결혼을 선택했습니다. 배우자와 진실한 관계를 원한다면, 용기를 내어 상대방에게 자신의 연약함을 보여 줘야 합니다.

우리는 고통과 연약함을 삶의 한 부분으로 받아들이는 법을 배우고, 어떻게 고통을 극복하는지를 배웁니다.
_미리암 그린스팬

> 배우자에게 보여 주고 싶지 않은 나의 연약한 부분은 무엇입니까? 이에 대한 나의 느낌은? _____

'배우자와 진실한 관계를 위해 용기를 내어, 나의 연약한 부분을 보여 주세요.'

상처는 성장의 씨앗

부부는 끊임없이 크고 작은 상처를 주고받으며 살아갈 수밖에 없는 관계입니다. 문제는 상처가 아니라 상처를 대하는 자신의 태도입니다. 상처는 되돌릴 수 없지만 그 상처를 바라보는 자신의 생각은 얼마든지 바꿀 수 있습니다. 상처를 치유하는 단 하나의 방법은 용서입니다. 나에게 상처를 준 배우자를 용서하는 것이 과거로부터 진정 자유로워지는 길입니다. 상처는 자신을 아름다운 보석으로 만드는 성장의 씨앗입니다.

타인의 많은 것을 용서하라. 그리고 자신에 대해서는 아무것도 용서하지 말라.
_성 아우구스티누스

상처는 우리의 성장에 어떤 영향을 준다고 생각합니까?
이에 대한 나의 느낌은? _____

'배우자에게 받은 상처를 부정적으로 보지 말고, 성장을 위한 씨앗이라고 긍정적으로 생각을 바꿔 보세요.'

당신이 외면한 작은 순간들

당신이 귀찮다고 외면한 작은 순간들이 서서히 배우자의 마음을 닫게 합니다. 배우자와의 약속을 지키지 않거나, 배려에 무덤덤하거나, 힘들어할 때 무관심하게 넘겨 버린 이런 순간 하나가 특별히 뭔가를 결정하지 않습니다. 그렇지만 당신이 번번이 배우자에게 발길을 돌리는 쪽을 선택한다면 상대방은 당신에게 서서히 마음의 문을 닫게 됩니다. 한 번 닫힌 마음의 문은 쉽게 열리지 않습니다.

실망은 어리석은 사람이 내리는 판단이다. 현명한 사람은 실망이란 단어가 자기 머릿속에 떠오르는 것조차 두려워한다.
_프리드리히 니체

배우자에게 실망하는 말이나 행동에는 어떤 것들이 있습니까?
이에 대한 나의 느낌은? _____

'부부가 정기적으로 서로의 잘한 점과 잘못한 점에 대해 허심탄회하게 대화하는 시간을 가져 보세요.'

15일

거부의 두려움을 무릅쓰고 대화하기

배우자에게 마음을 열지 못하는 이유는 상처받는 것이 두렵기 때문입니다. 상처받지 않는 관계는 있을 수 없습니다. 상처받을 각오로 용기를 내야만 배우자와 친밀해질 수 있습니다. 그래야만 원하는 사랑을 얻을 수 있습니다.

거부의 두려움을 무릅쓰고 배우자와 대화를 하려면 내 가슴에 쌓인 응어리부터 먼저 풀어야 마음을 열 수 있습니다. 배우자가 아무리 밉더라도 그(녀)는 예전에 내가 사랑했던 사람입니다. 이제 미워도 다시 한번 사랑하기로 결심하고 상대방에게 다가가세요.

배우자와 대화를 시작하기 전에 자신의 부정적인 감정부터 걸러야 합니다. 먼저 대화할 내용을 메모지에 적고 한두 번 연습을 하고난 후에 대화를 시작하세요. 이런 마음의 준비가 감정에 휘둘리지 않고 차분하게 대화할 여유와 자신감을 갖게 합니다.

그런데도 응어리진 상처가 풀리지 않아 화난 감정이 아직도 남아 있다면 '내게 쓰는 편지'를 씁니다. 편지를 쓰면서 원망도 하고, 화도 내고, 한탄도 하면서 내 안의 온갖 부정적인 감정들을 쏟아내다 보면 가슴이 조금은 후련해집니다. 그때 배우자와 대화를 시작하면 '거부의 두려움을 무릅쓰고 대화하기'는 성공할 가능성이 높아집니다.

모든 부부 문제는 대화를 하면 사라진다. 부부 대화는 깊은 물속에 들어갔다가 수면 위로 올라와서 들이마시는 첫 호흡과 같다.
_조엘 부케넌

대화가 단절된 배우자와 거부의 두려움을 무릅쓰고 대화하기를 시도할 때, 나는 어떤 두려움을 갖고 있습니까?
이에 대한 나의 느낌은? _____

'부부 관계가 단절되게 느껴지면 '거부의 두려움을 무릅쓰고 대화하기'를 시도해 보세요.'

부부가 공유할 수 있는 인생의 의미

부부는 결혼생활에서 함께 공유할 수 있는 인생의 의미를 찾아야 합니다. 단지 아이를 키우고, 집안일을 서로 돕고, 성생활을 하는 것만이 결혼생활의 전부는 아닙니다. 부부는 서로가 함께 살아온 삶을 공유하고 있기 때문에 정신적으로 성숙해 가는 내적 성장도 중요합니다. 부부가 함께 공유할 수 있는 인생의 의미를 발견하면 할수록 부부의 결합은 강해지고 결혼생활도 풍요로워집니다.

인생은 흘러가는 것이 아니라 채워지는 것이다. 우리는 하루하루를 보내는 것이 아니라 내가 가진 무엇으로 채워 가는 것이다.
_존 러스킨

부부가 함께 공유할 수 있는 인생의 의미에는 어떤 것들이 있습니까?
이에 대한 나의 느낌은? _____

'부부가 새롭게 공유할 수 있는 한 가지 분야를 정하고 이를 실천해 보세요.'

17일

배우자는 나를 비춰 보는 거울

부부가 서로 닮아서 편한 점도 있지만 닮아서 불편한 경우도 있습니다. 배우자의 행동에 짜증나고 화가 나는 이유는 내가 못마땅해 하는 나의 부정적인 면이 상대방에게 투사되었기 때문입니다. 그것은 자신의 약점이나 싫어했던 부모의 닮은 점일 수도 있습니다. 내가 보지 못하는 나의 어두운 면인 '그림자'는 배우자를 통해 볼 수 있습니다. 나의 '그림자'는 부부간의 갈등을 풀 수 있는 열쇠입니다. 배우자는 나를 비춰 보는 거울입니다.

누군가를 미워하고 있다면, 그 사람 모습 속에 보이는 자신의 일부분인 것을 미워하는 것이다. 나의 일부가 아닌 것은 눈에 거슬리지 않는다.
_헤르만 헤세

배우자를 통해 볼 수 있는 나의 '그림자'는 무엇입니까?
이에 대한 나의 느낌은? _____

'배우자의 행동을 보고 불편한 느낌이 들 때는 내 안의 그림자 때문이 아닌지 자신의 내면을 성찰해 보세요.'

기념일과 이벤트

기념일에 갖는 이벤트는 부부에게 색다른 감동을 선사하여 친밀감을 높여 줍니다. 이벤트는 큰돈이 들지 않아도 함께하고 정성이 담기면 됩니다. 집에서 부부가 좋아하는 특별한 요리를 해먹거나, 추억의데이트 장소를 다시 찾거나, 가족을 위해 헌신하는 서로의 발을 씻겨주기도 합니다. 이보다 부부가 자원봉사 프로그램의 참여를 통해 소외된이웃을 돌봄으로써 자신의 삶을 반성해 보는 봉사도 의미가 있습니다.

결혼은 두 사람의 결합이다. 그중 한 명은 절대 기념일을 기억 못하며, 나머지 한 명은 절대 기념일을 잊지 않는다.
_오그덴 내쉬

배우자가 내게 해 준 기념일 이벤트 중에 무엇이 가장 기억에 남습니까?
이에 대한 나의 느낌은? _____

'다가오는 기념일에 부부가 특별한 이벤트를 계획해 보세요.'

눈을 마주보고 대화하기

'대화'와 '말'의 차이점은 서로간의 정서적 교감이 있었는지의 여부입니다. 부부가 눈을 맞추고 대화하는 것만큼 더 좋은 정서적 교감이 없습니다. 아내는 남편과 마주보고 앉아 눈을 마주치는 것만으로도 서운한 마음이 풀릴 때가 있습니다. 부부는 서로의 눈을 마주보며 상대방의 눈썹을 하나하나 보고, 코와 입을 보면서 사랑을 떠올립니다. 사랑의 말은 눈에 있습니다.

내 눈을 보고 우리, 말을 해요. 세상 무엇도 우리를 갈라놓지 못해. 내 곁을 지켜 준다는 그 약속 잊지 말아요.

_노래 〈내 눈을 보고 우리, 말을 해요〉 가사 중에서

배우자와 눈을 마주 보고 대화할 때는 어떤 생각을 하게 됩니까? 이때 나의 느낌은? _____

'배우자의 눈을 보면서 사랑한다고 말해 주세요.'

남편의 사랑, 아내의 존경

남편의 사랑이 없으면 아내는 남편을 존경하지 않습니다. 아내의 존경이 없으면 남편도 아내를 사랑하지 않습니다. 남편은 아내가 사랑받을 만한 말이나 행동을 하지 않더라도 무조건 사랑해야 합니다. 아내도 남편이 존경받을 점이 없더라도 무조건 존경해야 합니다. 남편은 아내를 사랑하려고 노력하다 보면 사랑하게 되고, 아내도 남편을 존경하려고 노력하다 보면 존경하게 됩니다. 부부는 서로가 부족하기 때문에 상대방의 사랑과 존경을 필요로 합니다.

인간이 궁극적으로 바라는 것은 존경과 사랑이다.
_나폴레옹 보나파르트

배우자에게 존경받는 남편 또는 사랑받는 아내가 되기 위해 서로 노력해야 할 점은?
이에 대한 나의 느낌은? _____

'남편은 아내를 무조건 사랑하고, 아내도 남편을 무조건 존경하도록 노력하세요.'

21일

관점의 차이

우리는 모두 같은 세상에 살고 있다고 생각하지만 각자 눈에 비친 세상은 같지 않습니다. 그래서 갈등이 벌어집니다. 한 이불을 덮고 자는 부부도 제각기 달리 보고 달리 해석합니다. 이 사실을 순간적으로 잊고 있을 때 사소한 일로 감정의 골이 깊게 패여 상처를 받습니다. 관점의 차이는 서로의 성격, 가치관, 성장 환경 등이 다르기 때문입니다. 그러나 부부는 관점의 차이가 있다는 것을 인정하고 받아들이면 또 다른 세상을 경험하게 됩니다.

솔직한 의견 차이는 대개 진보를 위한 건강한 신호다.
_마하트마 간디

나와 배우자 간에 크게 관점의 차이를 보이는 부분은 무엇입니까? 이에 대한 나의 느낌은? _____

'배우자의 관심사나 취미에 대해 관심을 갖고 참여해서 경험을 넓혀 보세요.'

22일

부부가 싸우는 이유

부부가 싸우고도 왜 싸웠는지 모를 때가 많습니다. 사실 부부가 싸우는 이유는 문제 자체에 있지 않고 상대방의 반응이나 태도에 있습니다. 남편이 변기 뚜껑을 올리지 않고 소변을 보는 문제로 다투었다면 이는 평소 내가 부탁하는 것을 무시하는 남편의 태도에 화가 난 것입니다. 따라서 나를 화나게 하는 요소가 무엇인지를 알고 이를 상대방에게 정확히 표현하는 것이 중요합니다.

좋은 결혼은 눈먼 여자와 귀 먹은 남자가 만나는 것이다.
_미셸 에켐 드 몽테뉴

나는 배우자의 어떤 말이나 태도에 대해 참기 어렵습니까?
이에 대한 나의 느낌은? _____

'배우자에게 화가 났을 때는 내가 화가 난 이유가 무엇인지 곰곰이 생각해 보세요.'

당신은 내 말을 전혀 듣지 않네요

여기서 '전혀'라는 의미는 단지 아내가 느낀 좌절감을 가볍게 표현한 것뿐입니다. 그러나 남편은 이를 곧이곧대로 해석해 자신을 비난하는 말로 듣고 발끈 화를 냅니다. 여자들은 자신의 감정을 전달하기 위해 '전혀' '언제나' '항상' 같은 과장 섞인 막연한 표현들을 별 뜻 없이 말할 때가 있습니다. 이럴 때 남편들은 아내의 말에 민감하게 반응하지 않고 편하게 들어주는 마음의 여유가 필요합니다. 남자는 사실을 전달하기 위해 말하고, 여자는 자신의 감정을 표현하기 위해 말합니다.

최고의 대화 방법은 마음으로 듣는 것이다.
_스테판 폴란

배우자가 과장된 표현을 할 때는 어떤 생각이 듭니까?
이때 나의 느낌은? _____

'남편들은 아내가 자신의 감정을 과장되게 표현하는 점을 이해하고 너그럽게 대해 주세요.'

부부 회의

　가정의 중요한 문제에 대한 새로운 의사결정 방법으로 부부 회의가 있습니다. 부부 회의는 재정 상황, 자녀의 육아나 진로방향, 시가와 처가의 행사, 경조사와 명절 계획, 자녀 결혼과 은퇴 준비 등의 안건을 다룹니다. 회의는 2주에 한 번 정도 하고, 회의 규칙은 부부가 상의해서 정할 수 있습니다. 회의 장소는 집보다 편히 앉아 오래 대화할 수 있는 조용한 커피숍 등이 좋습니다. 회의에서 토의된 내용은 정리하여 가족 단톡방에 올려 공유합니다. 부부 회의를 계속하면 잔소리와 말다툼도 줄어듭니다.

회의 시간 3분의 2는 듣는 시간.
_A. G. 래플리

　우리 부부가 부부 회의를 한다면 어떤 방법으로 어떻게 하고 싶습니까?
　이에 대한 나의 느낌은? ＿＿＿＿＿

'이번 주에 날을 잡아 부부 회의를 열어 가정의 중요한 문제들에 대해 논의하는 시간을 가져 보세요.'

사랑에도 절제가 필요

본능적이고 감정적인 사랑은 날 선 칼날과 같아서 상대방뿐만 아니라 자신에게도 상처를 입힙니다. 사랑을 하면서 상처받는 이유는 사랑을 절제할 줄 모르기 때문입니다. 사랑에도 절제가 필요합니다. 스스로 말을 절제하고, 행동을 절제하고, 감정을 절제해야 거친 사랑이 부드러워집니다. 사랑도 그 사람의 인격 수준에 따라서 색깔과 향기가 달라집니다. 절제는 사랑의 유효기간을 3년에서 30년으로 늘리는 지혜입니다.

절제는 모든 미덕의 진주 고리를 이어주는 비단의 실이다.
_조셉 홀

자신의 감정을 절제하지 못해서 배우자에게 상처를 주었을 때는?
이때 나의 느낌은? _____

'배우자에게 화내고, 무례하고, 거친 말과 행동을 하지 않도록 조심하세요.'

26일

불평불만은 결혼생활의 독소

밤에 헤어지자고 했다가 아침이 되면 육아 문제로 의논하는 게 부부입니다. 모든 부부들이 비슷한 문제에 부딪치지만 원만하게 해결하여 긍정적인 감정을 유지하는 부부들이 있는가 하면, 그렇지 못해 갈등을 키우는 부부들도 있습니다.

불평불만은 부정적인 생각을 증폭시켜 배우자에게 그 감정을 쉽게 전염시킵니다. 불평보다는 상대방의 고마운 점을 기억하고, 불만보다는 서로를 이해하려고 노력해야 합니다. 불평과 불만은 결혼생활을 병들게 하는 독소입니다.

행복은 감사의 문으로 들어오고 불평의 문으로 나간다.
_서양 격언

내가 갖고 있는 배우자에 대한 불평불만에는 어떠한 것들이 있습니까?
이에 대한 나의 느낌은? _____

'배우자에 대한 불평불만 다섯 가지를 적어 보고 이를 감사의 언어로 바꿔 보세요.'

27일

진정성이 느껴지는 사과

사과는 상대방의 상한 감정이 중심인 데 반해 변명은 자신의 해명이 중심입니다. 또한 사과는 사과하는 사람이 아니라 받는 사람이 인정해야 성립됩니다. 자신의 잘못에 대한 반성과 진정성 없는 사과는 상대방에게 더 큰 상처를 주게 됩니다. 진정성이 느껴지는 사과란 자신의 잘못을 인정하고 뉘우쳐 다시는 그와 같은 행동을 하지 않는 것입니다. 사과는 어색한 순간을 우아한 선물로 바꾸어 줍니다.

'미안하다'sorry는 단지 한 단어이지만 천 가지 행동에 맞서는 낱말이다.
_사라 오클러

배우자의 사과에서 진정성이 느껴지지 않을 때는 언제입니까?
이때 나의 느낌은? _____

'부부 중 누구라도 잘못을 하면 "미안해요."라는 말을 스스럼없이 하세요.'

28일

2월

노후 준비는 40대부터 시작해야

인간의 평균수명이 늘면서 부부가 함께 지내야 할 시간도 그만큼 늘고 있습니다. 부부가 함께 오래 산다고 부부의 정도 그에 비례하여 깊어진다거나 행복해진다는 법은 없습니다. 부부가 함께 행복한 노후를 보내기 위해서는 경제적인 자립뿐만 아니라 함께할 공통분모를 미리 준비해 두어야 합니다. 이제 자신의 노후 준비는 선택이 아니라 필수가 되었습니다. 노후 준비는 40대부터 시작해도 빠르지 않습니다.

노인의 비극은 그가 늙었기 때문이 아니라 아직 젊다는 데 있다.
_오스카 와일드

행복한 노후생활을 보내기 위해서는 먼저 어떤 준비가 필요합니까?
이에 대한 나의 느낌은? _____

'행복한 노후를 보내기 위한 각종 정보를 수집해 함께 계획을 세워 보세요.'

배우자를 위한 기도

　우리는 기도의 힘을 믿습니다. 기도는 자신을 바꾸고 주위 사람들과 환경을 변화시킵니다. 우리가 기도를 통해 진정 청해야 할 것은 '사랑할 수 있는 마음'입니다. 사랑하는 사람을 위한 기도일수록 기도의 힘은 더 커집니다. 세상에서 배우자를 진심으로 기도해 줄 사람은 오직 자신뿐입니다. 기도는 배우자에게 주는 최고의 선물입니다.

기도는 사랑하는 이의 주의를 끌기 위해 하늘의 창문에 던지는 작은 조약돌이다.

_로널드 S. 토마스

　배우자를 위해 어떤 기도를 하고 싶습니까?
　이에 대한 나의 느낌은? _____

'배우자를 위해 매일 기도해 주세요.'

3월
MARCH

3월

MARCH

1일

사랑은 결심이다

내가 배우자에게 사랑의 감정을 느끼지 못한다 해도 그래도 사랑해야 합니다. 사랑은 감정이 아니라 의지입니다. 내 마음 안에 배우자에 대한 부정적인 생각이나 감정이 있더라도 그래도 사랑해야 합니다. 사랑은 느낌이 아니라 결심입니다. 사랑하기로 결심한 사랑은 사랑의 감정을 느끼는 사랑만큼이나 강력합니다. 우리는 결심함으로써 행동하게 되고, 행동은 기쁨이 되어 다시 사랑할 수 있는 힘과 용기를 줍니다. 사랑은 결심입니다.

당신의 운명이 결정되는 것은 결심하는 순간이다.
_앤서니 라빈스

최근에 내가 배우자를 사랑하기로 결심했을 때는 언제입니까?
이때 나의 느낌은? _____

'배우자에 대한 부정적인 생각이 떠오를 때마다 '사랑은 결심이다.'라고 큰 소리로 말하세요.'

배우자를 귀하게 소중하게

가정에서 인정받지 못하는 배우자는 직장이나 사회에서도 무시당하기 마련입니다. 아내는 남편을 가보家寶처럼 귀하게 여기고, 남편은 아내를 보석처럼 소중히 여겨야 합니다. 내가 내 남편, 내 아내를 귀하게 소중하게 여길 때 남들도 따라 존귀하게 대합니다. 모든 부부의 불화는 내가 배우자를 무시하고 함부로 대하기 때문에 일어납니다. 인생의 동반자인 배우자만큼 귀하고 소중한 사람은 없습니다.

어진 부인은 남편을 귀하게 만들고, 악한 부인은 남편을 천하게 만든다. 현명한 남편은 아내를 귀하게 만들고, 어리석은 남편은 아내를 천하게 만든다.

_명심보감

배우자가 나를 귀하게 소중하게 대한다고 느낄 때는 언제입니까?
이때 나의 느낌은? _____

'배우자가 귀하게 소중하게 대접받는다고 느낄 수 있도록 말과 행동으로 대해 주세요.'

3일

부부 대화를 풍요롭게

여자들은 별다른 내용이 없어도 끝없이 대화를 이어가는 데 반해 남자들은 딱히 대화할 주제나 용건이 없으면 대화가 이어지지 않습니다. 그렇기 때문에 부부 대화는 우선 가벼운 주제부터 시작해야 합니다. 날씨나 옆집 부부 이야기, 드라마 내용 같은 시시콜콜한 이야기들이 대화 주제로는 제격입니다. 일단 이런 얘기들은 스트레스 해소에도 도움이 됩니다. 일상의 이야기부터 시작해 공통의 관심사, 상대의 관심 분야 등으로 공감대를 넓혀 가는 대화방법이 부부 대화를 풍요롭게 합니다.

대화의 기술은 리더십의 언어이다.
_제임스 C. 흄즈

풍요로운 부부 대화를 위해 고쳐야 할 대화 습관은 무엇입니까?
이에 대한 나의 느낌은? _____

'매일 한 가지 유머나 흥미 있는 대화 소재를 준비해 배우자와 즐겁게 대화를 나눠 보세요.'

부부 관계에서 중요한 세 가지 타이밍

부부 사이에도 타이밍이 중요합니다. 부부 관계에서 타이밍을 놓쳐 나중에 후회하거나 자책할 때가 있습니다. 부부들이 놓쳐서는 안 될 세 가지 타이밍들이 있습니다. 배우자에게 꺼내기 어려운 이야기를 솔직히 터놓는 고백 타이밍. 부부싸움 후에 배우자와 소원해진 관계를 푸는 화해 타이밍. 배우자에게 큰 상처를 주기 전에 격한 감정을 제어하는 브레이크 타이밍입니다. 타이밍은 부부간의 신뢰를 지켜 주는 신호등입니다.

신뢰는 거울의 유리와 같다. 한 번 금이 가면 원래대로 하나가 되지 않는다.
_앙리 프레데릭 아미엘

우리 부부 관계에서 타이밍이 중요하다고 생각될 때는 언제입니까?
이때 나의 느낌은? _____

'배우자에게 고백 타이밍, 화해 타이밍, 브레이크 타이밍을 놓쳐 후회하지 않도록 유의하세요.'

허세부리는 남자, 내숭떠는 여자

허세는 남자의 자존심입니다. 남자들은 자신이 존재를 부각시키려고 실제보다 부풀려 허세를 부립니다. 그들은 자신의 입을 통해 남들이 알아주기를 원합니다. 내숭은 여자의 매력입니다. 여자들은 부풀리기보다는 오히려 숨기면서 내숭을 떱니다. 그녀들은 다른 사람들의 입을 통해 자신이 높아지기를 기대합니다. 그래서 다른 사람 앞에서 남편의 위신을 세워 주는 아내가 남편의 사랑을 받고, 남들에게 아내를 자랑하는 팔불출 남편이 아내의 사랑을 받습니다.

여자는 남자의 허세에 속고, 남자는 여자의 내숭에 속는다.
_화자 미상

남들이 나의 존재감을 어떻게 알아주기를 원합니까?
이에 대한 나의 느낌은? _____

'부부는 남들 앞에서 서로를 칭찬해 주고 지지해 주세요.'

특별함과 평범함

결혼을 하면 자기 부부는 당연히 다른 부부와는 뭔가 특별하다고 생각합니다. 그러나 자신의 결혼생활이 다른 부부의 그것과 별반 다르지 않고 평범하다는 사실을 받아들일 때까지 수많은 갈등의 시간을 보냅니다. 하지만 시간이 더 지나 남들처럼 평범하게 사는 것조차도 엄청난 노력이 필요하다는 것을 알게 될 때 비로소 현실을 받아들입니다. 우리 부부도 남들처럼 평범하다는 사실을 일찍 깨달을수록 행복의 문은 더 빨리 열립니다.

평범한 일을 매일 평범한 마음으로 실행할 수 있는 것이 비범한 것이다.
_앙드레 지드

결혼생활이 남들과 같다는 사실을 깨닫게 되었을 때는 언제부터입니까?
이때 나의 느낌은? _____

'우리 부부가 남들과 비교해 특별하지 않고 평범하다는 사실을 빨리 받아들이세요.'

7일

나를 위한 행복 프로젝트

우리는 남과 비교하느라 정신에너지를 허비하고 있습니다. 자신을 남과 비교하는 이유는 자존감이 낮고 자신의 정체성이 제대로 서 있지 않기 때문입니다. 남이 원하는 삶이 아니라, 있는 그대로의 '나'로 살아야 행복할 수 있습니다. 남을 의식하지 않고 자신의 재능을 살려 즐겁게 할 수 있는 '나를 위한 행복 프로젝트'를 지금부터라도 시작해 보세요. 이를 실행해 가는 과정에서 삶의 열정이 되살아나고 기쁨과 행복을 느낄 수 있습니다. 내가 행복해야 배우자도 행복합니다.

꿈을 가지고 무언가를 할 수 있다면 작은 일이라도 시작하라. 새로운 일을 시작하는 용기 속에 당신의 천재성과 능력과 기적이 모두 들어 있다.
_요한 볼프강 폰 괴테

> 지금 어떤 행복 프로젝트를 시작하고 싶습니까?
> 이에 대한 나의 느낌은? ＿＿＿＿＿＿

'지금 사소하고 작은 일이라도 나를 위한 행복 프로젝트를 시작하세요.'

사랑은 표현할수록

가까운 사이일수록 사랑을 표현해야 친밀해집니다. 사랑을 표현하는 방법은 수십 가지입니다. 꼭 말이 아니더라도 카톡으로, 편지로, 카드로, 선물로, 스킨십으로, 미소로, 친절로, 칭찬으로, 함께하기 등으로 사랑의 마음을 전달할 수 있습니다. 사랑은 표현해야 싱싱해지고 달콤해집니다. 사랑의 감정은 마르지 않는 샘물 같아서 퍼낼수록 맑아집니다. 사랑은 그 자체로써 아름답기에 표현할수록 더욱 빛이 납니다. 사랑은 표현하면 할수록 커지면서 더 사랑하게 됩니다.

더 많이 사랑하는 것 이외 사랑의 치료약은 없다.
_헨리 데이비드 소로우

배우자가 사랑을 어떻게 표현해 주길 기대합니까?
이에 대한 나의 느낌은? _____

'배우자에게 사랑의 감정을 적극적으로 표현하세요.'

감정을 느끼는 강도는 서로 다르다

부부가 서로에게 느끼는 감정의 강도强度는 다릅니다. 남편이 자신의 작은 변화를 알아차리고 칭찬해 줄 때, 아내가 느끼는 기쁨은 남편이 생각하는 것보다 10배 더 큽니다. 남편이 아내의 기분을 알려면 자신이 생각하는 감정의 강도에 10을 곱해야 이해할 수 있습니다. 마찬가지로 아내도 남편을 비난하면 자신보다 10배 더 힘들어한다고 생각해야 합니다. 감정은 누구에게나 소중합니다. 내가 배우자의 감정변화에 민감하게 반응해 줄 때, 상대방 역시 자신의 감정을 존중해 주게 됩니다.

감정이란 것은 끝이 없는 것인지도 모른다. 왜냐하면 감정은 표현하면 할수록 더욱 그것을 표현할 수밖에 없기 때문이다.
_에드워드 모간 포스터

배우자의 칭찬이나 비난 중에 가장 강도가 높았던 말은 무엇입니까?
이에 대한 나의 느낌은? _____

'자신의 감정을 배우자가 이해하고 공감할 수 있도록 느낌으로 표현해 주세요.'

성적 매력

배우자가 성관계를 요구하지 않으면 자신에게 성적 매력이 없다고 생각하기 쉽습니다. 그러나 결혼 전과 결혼 후의 성적 매력은 분명 다릅니다. 결혼 전의 성적 매력은 예쁜 외모나 멋진 몸매가 될 수 있지만, 결혼 후의 성적 매력은 상대방에게 얼마나 성적 즐거움을 줄 수 있느냐에 달려 있습니다. 부부가 성을 즐길 수 있는 방법에 대해 더욱 관심을 가진다면 성적 만족감도 높아집니다.

성적 매력은 딱 2년 간다. 그런데 성적으로 안 끌리는 남자와 왜 더 살아야 하나?
_자 자 가보르

내가 생각하는 배우자의 성적 매력은 무엇입니까?
이에 대한 나의 느낌은? _____

'부부의 성적 매력은 잠자리에서 서로에게 얼마나 성적 만족감을 주는지에 달려 있음을 유의하세요.'

마법의 언어

부부는 서로에게 스스럼없이 말할 수 있어야 합니다. 배우자가 부탁하면 "알았어요."라고 흔쾌히 말해야 합니다. 불편해하면 "미안해요."라고 두려움 없이 말해야 합니다. 마음 써주면 "고마워요."라고 주저 없이 말해야 합니다. 사랑스럽게 느껴지면 "사랑해요."라고 부끄럼 없이 말해야 합니다. 실수를 인정하면 "괜찮아요."라고 너그럽게 말해야 합니다. 이 다섯 단어는 서로를 다가서게 하는 마법의 언어이며, 사랑을 부르는 감성의 언어입니다.

다정하고 조용한 말은 힘이 있다.
_랄프 왈도 에머슨

마법의 언어 중에 배우자에게서 가장 듣고 싶은 말은 무엇입니까?
이에 대한 나의 느낌은? _____

'서로에게 다섯 가지 마법의 언어, '알았어요.' '미안해요.' '고마워요.' '사랑해요.' '괜찮아요.'를 자주 말해 주세요.'

12일

격려는 부부를 하나로

세상 사람들이 다 비난할지라도 배우자가 이해해 주고 격려해 주면 그 어떤 어려움도 극복할 용기가 생깁니다. 배우자를 격려하기 위해서는 무엇을 가장 필요로 하는지 알아야 합니다. 그래야 배우자에게 용기를 북돋아 줄 수 있는 적절한 격려를 해 줄 수 있습니다. 배우자의 격려는 자신을 더욱 괜찮은 사람이 될 수 있도록 동기부여를 해 줍니다. 격려는 상대방뿐만 아니라 자신에게도 더 나은 사람이 되도록 노력하게 만드는 힘이 있습니다. 격려는 부부를 하나로 만듭니다.

누구나 살아가다 보면 최고의 순간을 맞이한다. 그 순간은 바로 누군가에게 격려를 받을 때이다.
_조지 매튜 애덤스

배우자가 내게 큰 힘과 용기를 준 격려의 말은 무엇이었습니까?
이에 대한 나의 느낌은? _____

'지금 배우자에게 필요한 격려가 무엇인지를 찾아서 말이나 카톡 또는 선물로 격려해 주세요.'

상처 덜 주는 말

부부가 말다툼을 하다 보면 흥분된 감정을 제어하지 못해 극단적인 말을 하기 쉽습니다. 이를 예방하기 위한 방법으로는 극단적인 말 대신 강도強度가 낮은 순화된 말을 골라 사용하기로 미리 약속하면 좋습니다. "헤어지자!" "당신, 제정신이야!" 같은 위험한 말 대신 "너무 화가나!" "나 정말 힘들어!" 같이 상처를 덜 주는 말을 쓰면 배우자에게 상처를 입힐 가능성은 그만큼 적어집니다. 상처 주는 말은 암癌보다 더 위험합니다.

말로부터 입은 상처는 칼에 맞아 입은 상처보다 더 아프다.
_모로코 속담

우리 부부가 자주 쓰는 강도가 높은 말을 순화된 말로 바꾼다면? 이에 대한 나의 느낌은? _____

'아무리 화가 나더라도 배우자에게 상처 주는 말을 하지 않도록 입조심하세요.'

14일

배우자의 늦은 귀가

맞벌이 부부가 늘면서 남편은 물론 아내의 늦은 귀가도 부부싸움의 원인이 되고 있습니다. 늦은 귀가시간도 문제지만 연락조차 하지 않는 행위도 문제입니다. 이런 상대방의 무시하는 듯한 태도는 기다리는 배우자의 감정을 상하게 합니다. 화난 감정을 참지 못해 감정적으로 대하면 서로에게 상처만 줄 뿐 전혀 도움이 되지 않습니다.

늦은 귀가는 우유부단한 성격이나 불성실한 태도가 문제입니다. 본인 스스로 잘못을 깨닫고 고치기 전에는 다른 방법이 없습니다. 이 문제를 해결하는 좋은 방법은 부부가 자주 대화하는 것입니다.

남자가 저녁 식사에 늦을 것이라고 전화하면 신혼은 이미 끝난 것이다.
_데이비드 허버트 로렌스

약속한 귀가시간이 늦거나 연락도 없는 배우자에 대해 어떤 생각이 듭니까?
이에 대한 나의 느낌은? _____

'배우자와 약속한 귀가시간이 늦어질 경우에는 기다리는 상대방을 생각해서 예상되는 귀가시간과 늦어지는 이유를 꼭 알려 주세요.'

15일

결혼 서약

수많은 관계 속에 이루어지는 약속들 중에 결혼 서약은 대단히 중요합니다. 결혼 서약이 중요한 이유는 그 서약 위에 두 사람의 결혼이 성립되었기 때문입니다. 지금 배우자와 갈등으로 결혼생활에 대해 의문이 든다면, 이는 결혼 서약을 지키겠다는 결심을 새롭게 할 때입니다. 배우자와 평생을 함께하겠다는 굳은 의지는 결혼생활을 흔들리지 않게 안정시켜 주는 닻과 같습니다. 결혼 서약은 결혼생활을 지탱해 주는 버팀목입니다.

성공한 결혼생활을 만들어 나가는 것은 농사와 같다는 것을 명심하라. 매일 아침마다 항상 새롭게 시작하는 것이다.
_H. 잭슨 브라운 주니어

결혼 서약은 지금 나에게 어떤 의미가 있습니까?
이에 대한 나의 느낌은? _____

'결혼식 때의 결혼 서약문을 꺼내 다시 읽고, 그 의미를 마음에 새기도록 하세요.'

16일

용서도 습관이다

우리는 용서할 수 있는 선택권을 가지고 있습니다. 꾸물대다 약속시간에 늦은 배우자에게 화를 내기 전에 상대방을 용서할지 말지에 대한 선택을 할 수 있습니다. 내 관점이 아니라 상대방의 관점에서 보려고 시도할 때 용서하려는 마음에 작은 틈이 열립니다. 용서할 줄 알아야 사랑할 줄도 압니다. 용서도 습관입니다. 작은 일에서부터 용서하는 습관이 들면 큰일에 대해서도 용서할 수 있습니다. 용서는 마음의 평화를 열어 주는 열쇠입니다.

용서란 구두에 짓밟힌 제비꽃이 그 구두에 남긴 향기다.
_마크 트웨인

내가 배우자의 잘못을 용서하기 힘들 때는 언제입니까?
이때 나의 느낌은? _____

'부부가 서로를 용서하지 않으면 친밀감을 느낄 수 없습니다. 서로를 무조건 용서하세요.'

호의를 권리로 당연히 여길 때

부부처럼 허물없는 사이일수록 상대방의 호의나 배려에 감사의 표현을 꼭 해야 합니다. "수고했어요!" "고마워요!"라는 표현을 자주 할수록 부부 관계는 더욱 친밀해지고, 상대방을 아껴 주고 싶은 마음이 들게 합니다.

배우자가 내게 베푼 어떤 수고나 노력이든 그에 따른 보상받으려는 기대가 존재합니다. 따라서 상대 배우자의 수고에 대한 적절한 보상은 당연합니다. 배우자의 호의를 자신의 권리로 당연히 여길 때 부부 사이에 틈이 벌어집니다. 감사하는 마음의 밭에는 실망의 씨가 자랄 수 없습니다.

그 사람이 얼마나 행복한가는 감사의 깊이에 달려 있다.

_존 밀러

배우자가 나의 호의를 당연하게 받아들이면 그때는 어떤 생각이 듭니까?
이때 나의 느낌은? _____

'배우자가 내게 호의나 배려를 베풀 때는 당연하게 받아들지 말고 고마움이나 감사의 말을 꼭 전하세요.'

18일

아내의 잔소리는 위기의 신호

결혼생활의 위기가 다가오면 아내들이 먼저 그 위기를 인식하고 더 많이 고민하는 반면, 남편들은 위기가 상당히 심화된 상황에서도 이를 알아차리지 못합니다. 아내의 잔소리는 위기의 신호입니다. 아내의 잔소리가 많아지면 남편은 바깥일보다는 가정과 아내에게 더 많은 관심을 기울일 때입니다. 아내도 남편의 자존심을 건드리는 말이나 무시하는 행동을 삼가야 합니다. 사랑은 위기에서 더 크게 자랍니다.

비관론자는 기회가 왔을 때 위기를 보고, 낙관론자는 고난이 와도 기회로 본다.
_윈스턴 처칠

결혼생활의 위기 때는 배우자가 어떻게 처신해 주길 바랍니까?
이때 나의 느낌은? _____

'배우자에게 잔소리를 듣게 되면 "미안해요. 고쳐 보도록 노력해 볼게요."라고 흔쾌히 말하세요.'

서로의 장점에 동등한 가치 부여하기

사람은 저마다 잘하는 부분이 한 가지씩은 있습니다. 그런데 자신의 장점에 대해서는 높게 평가하고 배우자의 장점은 낮게 평가하려는 경향이 있습니다. 이럴 때 장점을 인정받지 못한 상대방은 상처를 받게 됩니다. 서로의 장점에 대해서는 동등한 가치를 부여해야 합니다. 배우자의 사소한 장점도 인정하고 존중해 줄 때, 부부의 힘은 그만큼 커질 수 있습니다.

'서로를 존중하자'는 정신과 '서로에게서 배우자'는 의지는 서로의 마음을 이어 준다.
_이케다 다이사쿠

배우자가 나의 장점을 깎아내릴 때는 어떤 생각이 듭니까?
이때 나의 느낌은? _____

'서로의 장점을 인정하고 힘을 합칠 때 부부의 힘은 그만큼 더 커진다는 사실을 기억하세요.'

위기 때 약해지는 남편, 강해지는 아내

일 중심적인 남편들은 직장을 그만두거나 사업에 실패하면 자신감이 없어지고 소심해져 대인관계를 기피합니다. 남편들은 위기 때 약해집니다. 가족이 인생의 전부인 아내들은 위기가 닥치면 가족을 결속시키고 어려움을 극복해가는 강인함을 발휘합니다. 아내들은 위기가 닥치면 강해집니다. 위기 때 남편들은 상처받은 자존심을 아내에게 개방하는 용기가 필요합니다. 남편이 입을 닫고 아내와 대화를 하지 않으면 더 큰 위기가 찾아옵니다. 여자는 약하지만 아내는 강합니다.

성숙하다는 것은 다가오는 모든 생생한 위기를 피하지 않고 마주하는 것을 의미한다.
_프리츠 쿤켈

가정의 위기 시에는 배우자가 어떻게 해 주길 기대합니까?
이에 대한 나의 느낌은? _____

'가정에 위기라고 느껴지면 배우자에게 더 많은 관심을 보여 주고 잔소리는 줄이도록 노력하세요.'

신뢰는 사랑을 담는 그릇

부부간에 대화가 힘들게 느껴진다면 신뢰의 경고등에 불이 켜진 상태입니다. 신뢰는 배우자가 나를 사랑한다는 사실을 믿고 배우자에게 자신을 개방하게 합니다. 또한 신뢰는 배우자의 마음을 열게 하여 서로를 이해하고 공감하는 능력을 높여 줍니다. 그러기에 신뢰의 문제는 배우자가 아니라 자신에게 책임이 있습니다. 신뢰는 부부의 사랑을 담는 소중한 그릇입니다.

아무도 신뢰하지 않는 자는 누구의 신뢰도 받지 못한다.
_제롬 블래트너

배우자를 신뢰하기 위해 어떤 노력이 필요합니까?
이에 대한 나의 느낌은? _____

'평소 배우자에게 신뢰를 주지 못하는 점이 무엇인지에 대해 반성해 보세요.'

22일

해결할 수 없는 문제

부부간에 발생하는 문제 중 70%는 단시일 내에 해결할 수 없는 문제들입니다. 배우자의 성격이나 습관, 경제적 문제, 원가족과의 관계처럼 즉시 해결할 수 없는 문제들은 바로 풀려고 하지 마세요. 다만 악화되지 않도록 유지 내지 관리하는 데 중점을 두어야 합니다. 배우자가 그런 문제를 꺼낼 때 무슨 말을 주고받고, 어떻게 행동할지를 미리 생각해서 대처하면 갈등을 줄일 수 있습니다. 해결하려는 의지를 버리면 해결하기 힘든 문제도 이외로 잘 풀릴 수 있습니다.

문제를 무리하게 해결하려 하지 말라.
_로버트 H. 슐러

우리 부부의 문제들 중 해결하기 힘든 문제는 무엇입니까?
이에 대한 나의 느낌은? _____

'부부 사이에 해결되지 않는 문제는 배우자를 고치기보다는 내 자신의 생각부터 바꾸도록 노력하세요.'

우리, 얘기 좀 해요

"우리, 얘기 좀 해요."라는 아내의 말에 남편들은 자신이 뭔가 잘못한 일이 있나 싶어 움찔하게 됩니다. 또 이 말은 아내가 그들에게 불평이나 비난할 일이 있다는 뉘앙스로도 해석합니다. 여자의 말은 복잡하고 여러 의미를 담고 있습니다. 아내는 단지 남편과 대화하고 싶고, 남편에게 관심을 받고 싶다는 의미로 한 말뿐입니다. 이럴 때 아내가 "당신에게 얘기할 것이 있는데 들어 줄 수 있어요?"라고 부드럽게 말하면 남편으로부터 수용적인 반응을 얻을 수 있습니다.

여자는 아무리 연구해도 늘 새로운 존재이다.
_레프 톨스토이

나의 의도와 다르게 배우자가 민감한 반응을 보이는 말은 무엇입니까?
이에 대한 나의 느낌은? _____

'배우자가 민감하게 반응하는 말을 할 때는 미리 상대방에게 말하는 의도를 귀띔해 주세요.'

24일

부부가 머리를 맞대면

'한 사람의 뛰어난 머리보다 평범한 두 사람의 머리가 낫다.'는 말이 있습니다. 부부가 머리를 맞대면 각자 혼자서 생각해 낼 때보다 더 나은 해결책을 발견할 수 있습니다. 부부는 성별, 성격, 가치관, 관점 등이 다르기 때문에 오히려 이런 다른 점들이 문제를 푸는 데 장점이 됩니다. 부부는 언제나 한 팀이라는 생각을 가져야 합니다. 무슨 일이든지 항상 머리를 맞대는 부부가 지혜로운 부부입니다.

머릿속 지혜를 남과 나눌 수 있는 사람이 어른이다.
_레이프 에스퀴스

우리 부부가 한 팀이 되기 위해서 노력해야 할 점은 무엇입니까?
이에 대한 나의 느낌은? _____

'사소한 집안일이라도 항상 배우자와 상의해서 결정하세요.'

25일

미움은 사랑으로만 멈출 수 있어

배우자가 자신의 기대나 욕구에 부응하지 못하는 순간, 사랑의 대상에서 미움의 대상으로 바뀌게 됩니다. 배우자를 미워하는 이유는 자신의 마음 안에 사랑이 고갈되었기 때문입니다. 배우자를 미워하게 되면 그 칼날은 상대방을 해치고 결국 자신을 향하게 됩니다.

배우자를 미워하는 것은 자신을 미워하는 것과 같습니다. 미워하는 동안 자신의 소중한 시간과 에너지를 소진시켜 성장의 기회마저 놓쳐 후회하게 만듭니다. 미움은 사랑으로만 멈출 수 있습니다.

미워하는 사람의 집 옆 정원에서 자유롭게 살기보다는 사랑하는 사람의 곁에서 사슬에 묶인 채 사는 편이 낫다.

_페르시아 격언

배우자를 미워하느라고 소중한 내 삶을 낭비했을 때는 언제입니까?
이때 나의 느낌은? _____

'배우자를 미워하는 것은 자신의 소중한 시간과 에너지를 소진시키는 일임을 명심하세요.'

결혼생활은 끊임없는 타협

결혼생활은 끊임없는 타협의 연속입니다. 돈, 성관계, 가사, 육아 문제 등으로 싸울지 양보할지 아니면 타협할지는 전적으로 두 사람에게 달렸습니다. 타협의 시작은 문제를 보는 서로의 관점이 다르다는 사실을 인식할 때부터입니다. 결혼생활 초기에 부부에게 가장 필요한 것은 타협의 기술입니다. 타협의 가치는 협력에 있습니다. 부부는 타협하는 과정에서 서로 협력하는 방법을 배우게 됩니다. 타협은 결혼생활의 마찰을 줄여 주는 윤활유와 같습니다.

양보가 때로는 성공의 가장 좋은 방법이 되기도 한다.
_영국 속담

배우자와 타협하는 과정에서 가장 어려운 점은 무엇입니까?
이에 대한 나의 느낌은? _____

'그동안 배우자와 타협하기가 어려워 숙제로 남겨둔 문제가 있다면, 오늘 다시 타협을 시도해 보세요.'

부부간에도 예의는 지켜야

부부가 함께 살다 보면 서로에게 편해져서 오히려 남보다 못하게 대할 때가 있습니다. 부부 사이는 가장 가까워서 무촌이지만 감정이 식고 나면 남보다 못한 사이가 됩니다. 무심코 하는 상처 주는 말들이 부정적인 감정을 일으켜 부부간의 지켜야 할 예의를 무너뜨리게 합니다. 부부간에도 지켜야 할 예의가 있습니다. 서로가 예의를 지키려면 가장 존중해야 할 사람은 내 배우자라는 생각을 항상 가져야 합니다. 배우자를 존중하고 배려하는 태도가 부부의 예의입니다.

남편들이 보통 친구들에게 베푸는 것과 똑같은 정도의 예의만 아내에게 베푼다면 결혼생활의 파탄은 훨씬 줄어들게 될 것이다.
_화브스타인

평소 배우자가 지켜 주었으면 하는 예의는 어떤 것들이 있습니까?
이에 대한 나의 느낌은? _____

'배우자가 지적한 고쳐야 할 예의 중에 한 가지를 바로 실행에 옮기세요.'

28일

화해 시도의 신호

부부싸움 후에 화해하는 시간이 짧을수록 마음의 상처도 크지 않아 예전 관계로 쉽게 복원될 수 있습니다. 부부싸움에도 브레이크가 필요합니다. 화해를 빨리하기 위해서는 '이렇게 하면 화해 신호로 알고 서로 화를 풀자.'라고 미리 약속해 두면 좋습니다. 화해 신호로는 '여보, 지금 사과 깎아 줄까?' 같은 익살스러운 언어적 신호도 있고, 항복의 표시로 두 손을 번쩍 드는 비언어적 신호도 있습니다. 이때 상대방은 호의적인 반응으로 상대방의 화해 시도를 쿨하게 받아 줘야 합니다.

서로 잘못했다고 인정하지 않는 한 화해는 성립되지 않는다.
_유태 격언

부부싸움 후에 배우자에게 어떤 말이나 행동이 나오길 기대합니까?
이에 대한 나의 느낌은? _____

'부부싸움 후에 화해를 빨리 하기 위해 부부만의 화해의 신호를 미리 정해 두세요.'

화장은 여자의 자신감

화장은 예뻐지고 싶다는 여자의 본능을 가능하게 만드는 마법입니다. 여자는 화장을 통해 아름답게 변신합니다. 화장은 여자의 외모는 물론 내면까지도 영향을 미칩니다. 화장이 잘 받는 날은 자신감이 넘치지만, 잘 안 받는 날은 마음도 무겁고 일할 의욕마저 잃습니다. 화장은 여자의 자신감입니다. 이처럼 화장이 여자에게 얼마나 중요한지를 남편들이 안다면, 그들은 아내가 화장을 마칠 때까지 재촉하지 않고 기다려 주는 너그러움을 가져야 합니다.

대부분의 여자들은 화장한 얼굴만큼 그렇게 젊지 않다.
_맥스 비어봄

화장을 하고 있는데 남편이 기다릴 때 또는 화장하고 있는 아내를 기다릴 때는 어떤 생각을 하게 됩니까?
이때 나의 느낌은? _____

'남편들은 아내가 화장을 할 때는 재촉하거나 부담을 주는 행동을 자제하고 말없이 기다려 주세요.'

남편은 칭찬을 바라는 소년

남편들은 아내가 자기 도움을 고맙게 여기지 않는다고 느껴지면 당연히 해야 할 집안일도 내켜 하지 않습니다. 남편의 마음 안에는 심부름을 다녀오고 나서 엄마가 칭찬해 주기를 바라는 소년이 있습니다. 아내가 '예쁘다' '사랑해'라는 말을 자주 듣고 싶어 하는 소녀인 것처럼, 남편은 '고마워' '잘했어'라는 칭찬과 인정하는 말을 듣고 싶어 하는 소년입니다. 칭찬은 남편의 마음을 움직이게 하는 특효약입니다.

어린 시절은 아무도 죽지 않는 왕국이다.
_에드나 빈센트 밀레이

나는 배우자에게 어떤 칭찬을 듣고 싶습니까?
이에 대한 나의 느낌은? _____

'아내들이여! 칭찬이 남편의 마음을 움직이게 하는 특효약임을 꼭 기억하세요.'

31일

오늘은 영원하지 않다

우리는 일상의 여러 가지 힘든 일과 분주함 때문에 너무나 많은 것, 너무나 아름다운 것을 잃어버리며 살고 있습니다. 오늘은 영원하지 않습니다. 사랑도 영원하지 않습니다. 오늘을 즐겁게, 기쁘게, 행복하게, 열정적으로 사랑하며 살아야 합니다. 환경을 탓하지 말고, 배우자에게 자신의 책임을 돌리지도 말며, 자신 안에 솜사탕처럼 부풀려진 기대와 욕구마저 비워야 합니다. 오늘을 결코 내일에게 양보하지 마세요.

오늘이라는 날은 두 번 다시 오지 않는다는 것을 잊지 말라.
_단테 알리기에리

오늘의 주머니에 무엇을 담고 싶습니까?
이에 대한 나의 느낌은? _____

'오늘의 주머니에 기쁨, 즐거움, 행복, 사랑을 채워 넣도록 노력해 보세요.'

행복한 결혼생활을 위한 20가지 Tip

1. 서로의 다름을 인정하고 차이를 받아들여라.
2. 부부간에 동반자로서의 우정을 형성하라
3. 싸우고 난 후 빨리 화해하라.
4. 서로의 잘못이나 허물을 용서하라.
5. 개인의 꿈을 존중해 주고 공동의 목표를 가져라.
6. 둘만의 대화 시간을 자주 가져라.
7. 상대방의 친절에 구체적인 말과 행동으로 감사하라.
8. 애정표현이나 스킨십으로 친밀감을 키워라.
9. 서로의 건강에 관심을 갖고 체크해 주라.
10. 각자 사생활의 경계선을 명확히 하고 존중해 주라.

11. 부부싸움의 규칙을 만들고 링 안에서 싸워라.
12. 성생활도 계획을 세워서하라.
13. 가사와 자녀 양육에 서로 동참하고 분담하라.
14. 의견 대립 시 조금씩 양보하여 타협하라.
15. 서로의 약속은 반드시 지키라.
16. 월간 일정표를 함께 세워라.
17. 부부싸움의 규칙을 만들고 링 안에서 싸워라.
18. 수입 범위 내에서 알뜰하게 살림을 하라.
19. 유머로 결혼생활에 활력을 주라.
20. 서로의 기념일을 잊지 말고 축하하라.

4월
APRIL

4월

APRIL

1일

한 번, 단 한 번, 단 한 사람을 위해

오늘날 사랑이란 단어는 남용되고 왜곡되고 변질되고 있어 정말 말하기조차 두렵습니다. 사랑은 아름답고 고귀하고 거룩한 것입니다. 사랑은 인간에게 허락된 가장 소중하고 신비로운 감정입니다. 신은 누구나에게 한 번, 단 한 번, 한 사람을 위해 once, only once, and for one only 고귀한 사랑을 체험할 기회를 선물합니다. 이 세상에서 단 한 사람에게 자신의 모든 열정을 바치는 낭만적인 사랑보다 더 아름다운 사랑은 없습니다. 사랑은 영원합니다.

우주를 단 한 사람으로 축소하고, 한 사람을 신으로 확대하면 그것이 바로 사랑이다.
_빅토르 위고

내가 다시 세상에 태어난다면 어떤 사랑을 하고 싶습니까?
이에 대한 나의 느낌은? _____

'오늘 배우자에게 사랑의 시를 읽어 주거나 사랑의 세레나데를 들려주세요.'

스킨십은 친밀해지는 지름길

스킨십은 긍정적인 감정을 일깨우는 소중한 마중물입니다. 사이좋은 부부라도 서로에게 익숙해지면 자연 소홀해지기 마련인데 스킨십은 이를 극복하는 묘약입니다. 스킨십이 어렵고 어색하게 느껴지면 배우자를 아끼고 사랑하는 마음을 표현한다고 생각하면 됩니다. 스킨십은 서로 손을 잡거나 포옹하거나 마사지를 해 주는 등 작은 것부터 시작하면 좋습니다. 부부의 스킨십은 친밀해지는 지름길입니다.

스킨십은 어떤 말보다도 강력한 메시지를 전달한다.
_사이토 이사무

배우자가 해 주는 스킨십 중에 가장 좋아하는 스킨십은 무엇입니까? 이에 대한 나의 느낌은? _____

'오늘 배우자에게 세 가지 이상 스킨십을 시도해 보세요.'

말이 통해야 마음이 통한다

남편은 직장에서 인정받은 일을 자랑하고 싶은데 아내는 옆집 아줌
마 얘기만 한다면 어떨까요? 부부가 서로 다른 방향을 바라본다면 말
이 통할 리가 없습니다. 배우자와 말이 안 통한다고 판단이 되면 말해
봤자 부질없다는 생각에 입을 닫게 됩니다.

지금 부부간에 소통의 어려움이 있다면 '내 생각과 내 입장만 말하지
않았는지.' 자신부터 살펴야 합니다. 먼저 내 귀를 열어야 마음도 열려
상대방의 말이 들리고 마음도 들립니다. 말이 통해야 마음도 통합니다.

사랑은 두 사람이 마주 쳐다보는 것이 아니라 함께 같은 방향을 바라
보는 것이다.
_생텍쥐페리

배우자와 대화를 포기하고 싶어질 때는 언제입니까?
이때 나의 느낌은? _____

'배우자가 말할 때는 먼저 귀를 열어 잘 듣고, 무엇을 말하려고 하는지 마음
도 함께 들어주세요.'

활력을 받을 때는

남편들이 활력을 받을 때는 아내가 자신의 행동에 대해 고마워하며 살가운 반응을 보여 줄 때입니다. 아내의 반응이 무덤덤하면, 남편은 자신이 한 일을 무의미하게 생각해 다시는 그 일을 해 주지 않습니다.

아내들이 활력을 받을 때는 자신이 청하지 않았는데도 남편이 사소한 일까지 챙겨 주고 배려해 줄 때입니다. 남편이 이런 사소한 일들을 하찮게 생각해 게을리 하면, 그가 모처럼 큰맘 먹고 해 주는 큰일조차 아내는 고맙게 생각하지 않습니다. 활력이 없는 하루는 낭비한 하루입니다.

친절은 온갖 모순을 해결하면서 생활을 장식한다. 얽힌 것을 풀어주고 난해한 것을 수월하게 해 주며 암울한 것을 환희로 바꾸어 놓는다.
_필립 체스터필드

배우자에게 활력을 받을 때는 언제입니까?
이때 나의 느낌은? _____

'오늘 배우자에게 활력을 주는 말이나 행동을 바로 실천하세요.'

남자는 자동차, 여자는 명품

우리 사회는 여전히 계급과 서열이 존재합니다. 그 기준으로는 재산, 직업, 계급 등이 있습니다. 남자들의 서열은 직접 비교에 의해 명확히 드러납니다. 하지만 여자들은 직접 비교가 어렵기 때문에 남편의 신분이나 보석과 명품의 보유 등으로 간접 비교를 합니다. 요즘에는 자신의 계급과 서열을 과시하는 데 남자들에게는 자동차, 여자들에게는 명품만 한 것이 없습니다. 진정한 명품은 값비싼 명품 브랜드가 아니라 고결한 인품입니다.

명품을 부러워하는 인생이 되지 말고 내 삶이 명품이 되게 하라.
_화자 미상

남들에게 자랑하고 싶은 나만의 명품은 무엇입니까?
이에 대한 나의 느낌은? _____

'자동차나 명품 같은 외적인 것보다는 책 한 권이라도 읽어 자신의 인격을 높이는 데 신경을 쓰세요.'

의미를 부여하기에 따라

아무리 사소한 것이라도 의미를 부여하기에 따라 대하는 감정이 달라집니다. 감정은 에너지이며 동기부여의 원천입니다. 자신의 결혼생활에 사랑, 감사, 존경 같은 선한 감정으로 의미를 부여하면 그것이 에너지로 전환되어 삶을 선하게 변화시켜 줄 것입니다. 평범한 결혼생활이라도 의미를 부여하기에 따라 얼마든지 달라질 수 있습니다. 행복하기 위해서 결혼생활을 한다고 스스로 의미를 부여하는 자체만으로도 보다 더 행복해질 수 있습니다.

삶의 진정한 승자는 상황 하나하나를 잘 해결할 수 있다거나 상황이 더 좋아질 것이라고 기대하며 바라보는 사람들이다.
_바바라 플레처

결혼생활에 대해 어떤 의미를 부여하고 싶습니까?
이에 대한 나의 느낌은? _____

'행복한 결혼생활을 위해 내가 담고 싶은 의미를 찾아보세요.'

행복은 자잘한 모자이크

결혼생활은 일상의 작은 모자이크 조각들로 이루어져 있습니다. 분명 그 속에는 행복한 조각이 있고 불행한 조각도 있습니다. 부부 사이에 문제가 심각하다고 해서 특별한 대책이 필요하지 않습니다. 오히려 깊은 실망을 경험하였기 때문에 작은 기쁨에도 위로를 받고, 작은 희망 하나에 용기를 얻습니다. 행복은 결혼생활에서 얻는 작은 기쁨, 작은 희망, 작은 감동, 작은 애정 표현, 작은 배려 같은 자잘한 모자이크들입니다. 행복은 자잘한 것에 있습니다.

결혼생활은 우리가 날마다 조금씩 만들어 가는 하나의 예술 작품이다.
_루시앙 보베

> 결혼생활 모자이크 조각 중에 행복한 조각은 무엇입니까?
> 이에 대한 나의 느낌은? _____

'내 주변이나 일상의 모든 것에 대해 감사하는 마음을 가지세요.'

8일

사랑은 아프다

장미 가시에 찔리는 그 아픔까지 사랑할 수 있어야 장미를 진정 사랑한다고 말할 수 있습니다. 아픔은 사랑의 문을 열기 위한 두드림입니다. 아픔은 이기적인 자아가 허물을 벗는 과정에서 오는 진통입니다.

사랑은 수많은 상처의 아픔으로 담금질하면서 단단하게 성장합니다. 애벌레가 나비로 탈바꿈할 때처럼 우리는 사랑의 아픔을 통해 진정한 자기로 거듭납니다. 또 가시에 찔리는 수많은 아픔을 끝까지 견디어낼 때 사랑의 위대함을 깨닫게 됩니다. 아프지 않으면 사랑이 아닙니다.

만일 당신이 상처받지 않을 만큼만 사랑한다면 당신이 받은 상처는 결코 치유되지 않습니다. 오직 더 크게 사랑할 때만이 상처는 치유됩니다.

_마더 테레사

사랑을 하면 고통이 뒤따르는 이유는 무엇 때문이라고 생각합니까?
이에 대한 나의 느낌은? _____

'내게 상처의 아픔을 준 배우자를 사랑하기로 결심하고 무조건 용서하세요.'

9일

4월

유머는 삶의 활력소

유머로 남을 웃게 하는 사람은 부자라는 말이 있습니다. 유머는 긴장을 완화시키고 삶의 여유를 되찾게 하는 삶의 활력소입니다. 자신은 유머 감각이 없다는 고정관념을 버려야 유머가 보입니다. 유머는 감각이 아니라 태도의 문제입니다. 배우자에게 웃음을 선사하겠다는 마음만 먹으면 얼마든지 유머거리를 찾을 수 있습니다. 유머는 부부 관계를 친밀하게 만드는 접착제입니다. 유머를 아는 사람이 배우자를 사랑할 줄 아는 사람입니다.

우리는 행복하기 때문에 웃는 것이 아니라 웃기 때문에 행복하다.
_윌리엄 제임스

배우자에게 유머를 선사하기 위해서는 어떤 노력이 필요합니까?
이에 대한 나의 느낌은? _____

'외국인들에게 물었다. 한국에서 본 가장 섬뜩한 식당 이름은?' '할머니 뼈다귀탕'

성에 관한 깊은 대화

성은 사랑의 표현이며 몸으로 하는 대화입니다. 그러나 가장 가까운 부부 사이지만 성에 관한 깊은 대화는 아무래도 어색하고 쑥스럽기 마련입니다. 하지만 성에 관한 대화도 자신의 생각과 느낌을 표현하고, 상대방에게 원하는 게 있다면 부끄럼 없이 말해야 합니다. 또한 배우자에게 자신의 욕구를 더 많이 표현하고, 상대방의 요구에 귀 기울여 행동한다면 성생활이 더 나아질 것입니다. 부부의 깊은 친밀감은 침실의 대화로부터 시작됩니다.

서로 사랑하는 이들이 같은 베개를 베야 한다니 이 얼마나 행복하고 성스러운 풍습인가.
_나다니앨 호손

배우자와 성생활의 어떤 점에 대해 깊은 대화를 나누고 싶습니까? 이때 나의 느낌은? _____

'배우자와 성생활에 대해 말로 하기가 어색하다면, 자신의 솔직한 생각과 바람을 편지에 써서 주세요.'

11일

아내는 남편의 인내심을 키우는 조련사

남자의 말은 구체적이고 실제적인 반면 여자의 말은 추상적이고 감성적입니다. 남자는 용건만 간단히 말하지만, 여자는 당장 요구보다는 자신의 감정을 표현하기 위해 장황하게 말합니다. 남자는 결론부터 말하는 반면 여자는 긴 설명이나 변명을 늘어놓은 다음에 결론도 흐지부지합니다. 이런 이유로 남편은 아내의 말을 들으면서 바로 판단하지 않고 끝까지 들어주는 인내심이 필요합니다. 아내는 남편의 인내심을 키우는 조련사입니다.

그 사람의 인격은 그가 나누는 대화를 통해서 알 수 있다.
_메난드로스

배우자와 대화할 때 상대방에게 어떤 배려를 기대합니까?
이에 대한 나의 느낌은? _____

'배우자의 말을 들을 때는 인내심을 갖고 끝까지 들어주세요.'

12일

존중받는 느낌이 중요

상대방을 존중해 주는 것도 중요하지만, 더 중요한 것은 상대가 존중받는다고 느껴야 합니다. 존중받는다는 느낌은 상대방으로 하여금 마음을 열게 합니다. 상대방이 존중받는다고 느껴야 상대방도 나를 존중해 줍니다. 배우자에게 존댓말을 쓰고, 친절하게 말하며, 예의 바르게 행동하고, 실수에도 너그럽게 대하는 겸손한 태도가 상대방으로 하여금 항상 존중받는다는 느낌을 갖게 합니다. 존중은 선택이 아니라 반드시 해야 할 의무입니다

우리가 어떤 이를 존중한다고 해서 그를 항상 사랑하는 것은 아니다. 그러나 어떤 이를 사랑한다는 것은 그를 존중한다는 의미를 늘 내포하는 것이다.

_크리스틴 드 스웨드

배우자가 어떻게 해 주었을 때 존중받는다는 느낌을 갖게 됩니까? 이때 나의 느낌은? _____

'배우자가 존중받는다는 느낌이 들 수 있는 한 가지 행동을 실천으로 옮기세요.'

기대가 없으면 상처도 없다

상처는 언제나 내 편이라고 믿고 마음을 준 상대가 자신의 기대를 외면할 때 받습니다. 기대가 없으면 상처도 없습니다. 내가 해 준 것만큼 상대방은 나에게 더 신경 써 주고 잘해 주지 않습니다.

부부 관계는 '기브 앤 테이크'가 아닙니다. '내가 이만큼 했으니 배우자도 그 정도는 해 주겠지.'라고 기대할 때 상처를 받습니다. 상대방에게 아주 작은 대가라도 바란다면 자신이 원하는 바를 말로 표현해야 합니다. 말하지 않는다면 상대방은 내가 상처받은 사실조차 모릅니다.

열심히 일하고 기대는 낮춰라.

_비노드 코슬라

배우자에게 스스로 잘해 준다고 여기면 상대방에게 어떤 기대를 합니까?

이에 대한 나의 느낌은? _____

'배우자에게 무언가를 해 주면서 내심 바라는 것이 있다면 상대방에게 망설이지 말고 말로 표현하세요.'

잘못을 바로 인정하기

허물없는 부부간이라도 자신의 잘못을 인정하고 사과하는 일만은 쉽지 않습니다. 자신의 잘못이 불가피한 일이었다고 해도 변명을 늘어놓다 보면 상대방에게는 핑계로밖에 들리지 않으며 본의 아니게 문제가 확대될 수 있습니다. 그러나 잘못을 바로 인정하게 되면 문제라 여겨졌던 부분이 의외로 쉽게 해결될 수 있습니다. 자신의 잘못을 인정하는 일에도 용기가 필요합니다.

지금 누군가에게 사과하기를 거절한다면, 이 순간은 언젠가 당신이 용서를 구해야 할 때로 기억하게 될 것이다.
_토바 베타

배우자가 잘못을 하고서도 변명만 늘어놓는다면 어떤 생각이 듭니까?
이에 대한 나의 느낌은? _____

'배우자가 나의 잘못을 지적하면 무조건 잘못을 인정하고 바로 사과를 하세요.'

결혼생활에서 긍정의 힘을 키우기

결혼생활을 향상시키려면 자신의 마음속에 '긍정의 힘'을 증가시켜야 합니다. 마음이 움직이는 대로 따라 살게 되면 결코 '부정의 힘'에서 벗어날 수 없습니다. 더 이상 마음이 움직이는 대로 따라가지 않고 마음을 이끌기로 스스로 결단해야 합니다. 결혼생활에서 선한 것, 건강한 것, 발전적인 것, 지속시키고 싶은 것에 마음의 초점을 맞춰야 '긍정의 힘'을 키울 수 있습니다. 결혼생활에서 긍정의 힘은 사랑, 행복, 믿음, 신뢰, 온유, 겸손, 친절, 배려입니다.

세상에는 두 종류의 사람들이 있다. 자신이 할 수 있다고 생각하는 사람과 할 수 없다고 생각하는 사람이다. 물론 두 사람 다 옳다. 그가 생각하는 대로 되기 때문이다.

_헨리 포드

결혼생활에서 특별히 키워야 할 '긍정의 힘'은 무엇입니까?
이에 대한 나의 느낌은? _____

'의식적으로 긍정적인 말과 행동만을 하도록 노력하세요.'

부부가 함께 사는 이유

평생을 부부로 함께 사는 것만큼 힘든 일은 없습니다. 그러나 부부로서 함께 사는 이유가 분명할 때는 현실의 어려움을 극복할 수 있습니다. 부부는 서로에 대한 불편한 점들을 감수하면서 함께 사는 것보다 더 소중하다는 이유를 발견해야 합니다. 상대에게 원하는 사람이 되어 주는 기쁨, 끊임없이 서로를 재발견하는 열정, 상대의 어깨에 기댈 수 있는 편안함, 작은 행복을 찾아 나서는 여유, 꿈을 함께 이루어 가는 성취감 등이 부부가 함께 사는 이유입니다. 부부가 평생 동안 함께 사는 게 기적입니다.

내가 존재하는 목적은 단 한 사람에게 필요한 사람이 되기 위해서다.
_비 파트낭

내가 배우자와 함께 사는 이유는 무엇입니까?
이에 대한 나의 느낌은? _____

'부부가 함께 '내가 당신과 함께 사는 이유'라는 제목으로 편지를 써서 서로 교환해 읽어 보세요.'

이기적으로 변한 남편

여자는 남자가 결혼하면 변할 것이라 기대하고, 남자는 여자가 결혼 후에도 변치 않을 것이라고 착각합니다. 하지만 남자는 가족을 먹여 살리기 위해 사회적인 성향이 강해지고, 여자는 가족을 돌보기 위해 가족적인 성향이 강해집니다. 남자는 내 여자가 되면 잘해 주기는커녕 소홀히 대하게 되어 아내와 다른 여자들과 차이는 줄어듭니다. 반대로 여자는 내 남자가 되면 더 잘해 주기 때문에 남편과 다른 남자들과 차이는 벌어집니다. 결혼 후에 헌신적으로 변한 아내의 시각에서 보면, 남편이 이기적으로 변한 것처럼 느껴지는 이유가 이 때문입니다.

남자란 말하며 접근할 때는 봄이지만, 결혼해 버리면 겨울이다.
_윌리엄 셰익스피어

결혼 전과 결혼 후를 비교할 때, 배우자의 달라진 점은 무엇입니까? 이때 나의 느낌은? _____

'오늘 하루만이라도 연애할 때처럼 배우자를 사랑하는 마음으로 대해 주세요.'

18일

부부만의 아지트

부부가 오붓하게 함께 시간을 보낼 수 있는 부부만의 아지트가 있으면 좋습니다. 부부의 아지트는 다른 사람의 방해를 받지 않고 편안하게 대화할 수 있는 곳이어야 합니다. 테라스를 꾸며 만들거나, 집안이 어려우면 동네의 커피숍도 좋고 산책할 때 자주 가는 공원 벤치도 좋습니다. 그곳에서 집안일을 상의하고, 말다툼 후에 화해도 하고, 함께 음악을 듣거나 책을 읽는 공간으로 활용할 수 있습니다. 부부만의 아지트는 부부의 결속력과 유대감을 높여 줍니다.

행복한 결혼은 약혼한 순간부터 죽는 날까지 지루하지 않은 기나긴 대화를 나누는 것과 같다.
_앙드레 모루아

부부만의 아지트를 갖는다면 어디로 정하겠습니까?
이에 대한 나의 느낌은? _____

'아직 우리 부부만의 아지트가 없거나 새로운 아지트를 만든다면 어디로 할지 대화를 통해 정해 보세요.'

19일

배우자를 변화시키려는 이유

우리가 변화를 두려워하는 이유는 그것을 바라지 않아서가 아니라, 익숙한 생활이 주는 편안함을 놓치기 싫어서입니다. 그래서 내가 아니라 배우자를 변화시키기 위해 많은 노력을 기울입니다. 부부 관계의 변화는 배우자에게 바라는 것들을 '내가 먼저' '작은 일부터' '꾸준하게' 실천할 때 시작됩니다. 백 마디 잔소리보다 변화된 내 모습을 보여 줄 때 배우자도 따라 변합니다.

사랑하는 사람과 사는 데는 하나의 비결이 있다. 그것은 상대를 변화시키려고 해서는 안 된다는 것이다.
_샬돈느

우리 부부 관계의 성장을 위해 내가 먼저 변화해야 할 점은 무엇입니까?
이에 대한 나의 느낌은? _____

'배우자에게 말로 하지 말고 나의 변화된 모습을 행동으로 보여 주세요.'

132

20일

저돌적인 남편, 신중한 아내

남자들은 미래를 낙관적으로 생각하는 반면 여자들은 비관적으로 보는 경향이 있습니다. 남자들은 성공할 확률이 10%만 되도 일을 시작지만, 여자들은 실패할 확률 90%에 더 주목하고 신중을 기합니다. 이직移職이나 투자를 결정할 경우, 남편은 아내의 조언을 받아들여 서로 상의해서 결정을 내려야 후회하지 않습니다. 남편들은 자신의 말을 잘 들어주는 아내를 신뢰합니다.

약한 사람은 결정을 내리기 전에 의심하고, 강한 사람은 결정을 내린 후 의심한다.
_카를 크라우스

우리 부부는 가정의 중요한 일에 대해 어떻게 의사결정을 합니까? 이에 대한 나의 느낌은? _____

'무슨 일이든지 시작하기 전에 배우자의 의견을 경청하고, 결정은 더욱 신중히 생각한 후에 진행하세요.'

나보다 배우자가 우선

인생에서 가장 중요한 인간관계는 부부 관계입니다. 하지만 우리가 너무 당연하게 여기고 이기적으로 대하는 관계 역시 부부 관계입니다. 서로 사랑하지 않아서 싸우는 것이 아니라 상대방이 자기 방식대로 따라 주지 않는다고 싸우는 경우가 더 많습니다.

금슬이 좋은 부부들에게는 공통점이 있습니다. 배우자를 바꾸려하기 보다는 있는 그대로의 배우자를 인정한다는 점입니다. 서로 싸우는 문제는 상대방이 하자는 방식대로 무조건 따라 주면 자연스럽게 해결됩니다. 나보다 배우자가 우선입니다.

남이 너희에게 해 주기를 바라는 그대로 너희도 남에게 해 주어라.
_성경

배우자를 우선하는 부부 관계를 위해서 노력해야 할 점은 무엇입니까?
이에 대한 나의 느낌은? _____

'배우자에게 내 방식을 요구하기보다는 배우자가 원하는 방식을 먼저 들어주세요.'

부부는 싸워도 한 이불을 덮고 자야

부부는 싸워도 한 이불을 덮고 자야 한다는 말이 있습니다. 남자와 여자가 만나 평생 몸과 마음을 섞으며 살아가는 관계가 부부입니다. 부부간에 발생하는 모든 불화의 원인은 함께 잠자리를 하지 않는 데서 시작됩니다.

아무리 서로에게 서운한 감정이나 오해가 있어도 한 이불을 덮고 자면 빨리 풀어집니다. 부부가 한 이불을 덮고 살을 맞대며 서로의 체온을 느끼면서 잘 때 몸과 마음이 가까워집니다. 반대로 몸이 멀어지면 마음도 멀어지고 마음이 멀어지면 사람도 멀어집니다.

우리 집은 부자여서 방이 많았다. 싸우면 각방에서 잤다. 내가 이혼한 이유는 각방이다.
_어느 이혼한 남자의 독백

> 부부싸움 후에 한 이불을 덮고 잘 때와 따로 잘 때와의 차이점은?
> 이에 대한 나의 느낌은? _____

'부부가 각자 침대를 사용하더라도 자러 가기 전 한 시간만이라도 한 침대에 누워 대화 시간을 가져 보세요.'

23일

침묵의 의미

남편과 아내의 '침묵'은 그 의미가 다릅니다. 남편의 침묵은 지금 휴식 중이거나 생각할 것이 있으니 말을 걸지 말고 내버려두라는 표시입니다. 반면 아내의 침묵은 남편에게 화가 나서 더 이상 대화할 의사가 없다는 표시입니다. 그래서 남편이 침묵하고 있으면 아내는 자신이 무엇을 잘못했다고 생각하거나, 남편이 더 이상 사랑하지 않는다고 생각하여 불안해합니다. 침묵은 금gold이 아니라 부부 사이를 벌어지게 하는 금line입니다.

가장 깊은 감정은 항상 침묵 속에 있다.
_마리안느 무어

나는 어느 때 배우자에게 침묵하게 됩니까?
이에 대한 나의 느낌은? _____

'배우자가 침묵하고 있을 때는 불안해하지 말고, 곁에서 함께 침묵의 시간을 가지세요.'

24일

아내의 속마음

여자들은 끊임없이 다른 여자와 자신을 비교합니다. 그래서 다른 여자보다 더 예뻐 보이기 위해서 화장도 하고 옷차림에 신경을 씁니다. 설령 무심코 하는 말일지라도 아내 앞에서 다른 여자를 칭찬하는 말은 치명적입니다. 사랑하는 남편에게 예쁘다는 칭찬을 받고 싶은 바람이 아내의 속마음입니다. 아내도 여자입니다.

여자를 교만하게 하는 것은 그 미모이며, 찬양받게 하는 것은 그 덕성이다.

_윌리엄 셰익스피어

배우자가 다른 이성을 칭찬하였을 때는 어떤 생각을 하게 됩니까? 이때 나의 느낌은? _____

'배우자의 겉에 드러난 모습보다는 속마음을 알아주도록 노력하세요.'

공감대는 제2의 사랑

부부는 서로에게 상처를 주면 싸움이 잦아집니다. 따라서 내 말은 적게 하고 상대방의 이야기를 더 많이 들어주는 대화가 좋습니다. 부부간의 대화란 상대방에게 해답을 내려달라는 것이 아닌 내 이야기를 들어달라는 것이기 때문에 가벼운 공감과 반응만으로도 충분할 때가 많습니다. 부부 대화의 목적은 공감대를 형성하고 넓히는 데 있습니다. 공감대는 제2의 사랑입니다.

누군가를 사랑하되 그가 나를 사랑하지 않거든 내 사랑에 부족함이 없는지 살펴보라.
_맹자

배우자와 공감대를 넓히기 위해 어떤 노력을 하고 있습니까?
이에 대한 나의 느낌은? _____

'배우자의 관심사에 대해 함께 대화하고 적극 참여하세요.'

26일

결혼생활의 위기는 새로운 전환점

결혼은 두 사람의 이해관계가 얽혀 있고 결혼 관계를 유지하기 위한 여러 조건들이 있습니다. 부부는 그러한 것들을 성실히 수행하지 않으면 결혼생활의 위기는 반드시 찾아옵니다. 하지만 이 위기의 순간에 두 사람은 처음으로 서로의 진정한 모습을 보게 됩니다. 결혼에 대한 환상에서 벗어나 현실을 진지하게 받아들일 때 위기를 새로운 전환점으로 바꿀 수 있습니다. 결혼생활의 위기는 새로운 전환점입니다.

사랑은 성장을 멈출 때만 죽는다.
_펄 S. 벅

우리 부부가 처음으로 서로의 진정한 모습을 보게 되었을 때는 언제입니까?
이때 나의 느낌은? _____

'결혼생활의 위기는 부부가 진정한 모습으로 만나는 기회라고 인식을 바꿔 보세요.'

부부의 경쟁력

부부 관계가 안정되고 친밀해질수록 스트레스를 견디는 힘이 강해지고 면역력이 높다는 연구 결과가 있습니다. 당연히 부부 사이가 좋으면 성인병이나 암 발병률도 낮다고 합니다. 출근할 때 아내의 포옹을 받는 남편이 연봉이 높다는 통계도 있습니다. 이런 남편들이 직장에서 동료들과 인간관계가 좋고, 업무 성과도 높습니다. 친밀한 부부관계가 부부의 경쟁력입니다.

가정에서 아내에게 기를 펴지 못하고 지내는 남편은 밖에서도 굽실거리며 쩔쩔매게 된다.
_워싱턴 어빙

부부 관계가 직장이나 사회생활에 어떤 영향을 준다고 생각합니까?
이에 대한 나의 느낌은? _____

'배우자가 출근할 때는 현관에서 포옹하면서 기도해 주세요.'

28일

10-10-10 규칙

부부가 중요한 문제를 결정하지 못해 갈등을 빚을 때가 있습니다.
예를 들면 '직장을 그만둘까?' '둘째를 가질 때인가?' '집을 구입할 시기
인가?' 등. 두 사람의 의견이 엇갈려 결정하기가 어려울 때 도움이 되
는 10-10-10 규칙이 있습니다. 그 문제에 대해 어떤 결정을 하면 '10일
안에는 어떻게 될까?' '10달 안에는?' '10년 안에는?' 이 세 가지 질문에
대해 각자가 생각한 내용을 말하면서 의견을 교환하다 보면 서로가 만
족할 만한 결정을 내릴 수 있습니다.

우리가 가진 능력보다 진정한 우리를 훨씬 더 잘 보여 주는 것은 우리
의 선택이다.
_조앤 롤링

가정의 중요한 문제를 어떻게 결정하고 있습니까?
이에 대한 나의 느낌은? _____

'그동안 부부가 결정을 내리지 못한 중요한 문제가 있다면 10-10-10 규칙을
사용하여 함께 결정해 보세요.'

둘만의 여행

여행만큼 부부 사이를 친밀하게 만드는 일은 없습니다. 누구나 여행을 가고 싶은 마음은 굴뚝같지만 시간과 돈에 발목이 잡혀 늘 주저앉고 맙니다. 여행은 언제나 시간과 돈의 문제가 아니라 이것저것 뒤돌아보지 않고 떠나는 결단이 문제입니다. 부부 둘만의 여행은 서로를 이해하고, 적당하게 거리를 두면서 바라보는 여유를 만들어 줍니다. 부부 둘 만의 여행은 아름다운 추억의 보고寶庫입니다.

진정한 여행의 발견은 새로운 풍경을 보는 것이 아니라, 새로운 눈을 가지는 데 있다.
_마르셀 프루스트

우리 부부가 함께 가고 싶은 여행지는 어디입니까?
이에 대한 나의 느낌은? _____

'이번 주말에는 단둘이 여행을 떠나세요.'

부부의 간격

나무들이 올곧게 자라는 데 간격이 필요한 것처럼 부부 사이에도 적당한 간격이 필요합니다. 부부 사이에 어느 정도 간격이 있을 때, 그 여유를 통해 서로를 더욱 이해하고 배려할 수 있습니다. 서로의 체온을 느끼면서도 구속하지 않는 그리움의 간격, 상대방의 시간이나 생활을 인정하면서 함께하는 성장의 간격, 서로가 다른 사람임을 알고 이해해 주는 배려의 간격, 그런 간격들이 부부의 사랑을 올곧게 자라게 합니다. 사랑은 소유하지 않고 존재로서 지켜보는 간격에서 옵니다.

사랑은 자유와 책임이 활동하는 곳에서만 존재할 수 있다.
_존 타운센드

부부 사이에 간격이 필요하다고 느끼는 부분은 무엇입니까?
이에 대한 나의 느낌은? _____

'배우자에게 내가 불편하게 느끼는 간격을 말해 주세요.'

5월
MAY

5월

MAY

가족이 함께하는 식사

가정에서 가족 간에 대화가 줄어드는 이유 중에 하나는 가족식사 횟수가 줄어들 때입니다. 가족 모두가 함께하는 가족식사에는 건강과 희망 그리고 사랑이 있습니다. 가족이 함께하는 식탁에는 대화가 살아나고 상처를 위로받으며 가족 간에 정도 돈독해집니다.

연구에 의하면, 부모와 가족식사를 자주하는 아이들은 언어 습득과 공감 능력이 뛰어나 타인과 소통을 잘하며, 영양 상태도 좋아 비만도가 낮다고 합니다. 가족식사의 횟수를 늘리는 일은 부부, 특히 남편에게 책임이 있습니다.

가족식사에서 가족 간의 교감은 숟가락 드는 그 순간 시작되는 것이 아니라 함께 식사를 준비하는 과정부터 시작된다.
_리사 다무어

가족식사의 횟수를 늘리기 위해 협조해야 할 점은 무엇입니까?
이에 대한 나의 느낌은? _____

'오늘 저녁식탁은 가족이 함께 하기로 미리 약속을 하고 정해진 시간에 모여서 다 같이 식사를 준비하세요.'

2일

이해의 폭이 넓어지면

배우자의 행동이 내 마음에 안 든다고 습관적으로 잔소리하거나 짜증내는 사람들이 있습니다. 상대방이 항상 자기 마음에 들기를 바라는 것은 욕심입니다. 게다가 '게으르다.' '고집이 세다.' 등 상대방이 고쳐야 할 성격적인 결함으로까지 돌립니다. 상대를 탓하는 대신 '게을러서가 아니라 피곤해서 그랬을 거야.' '고집이 세서가 아니라 스트레스를 받아서일 거야.'라는 식으로 상대방의 입장에 서서 이해하려고 노력해야 합니다. 이해의 폭이 넓어지면 그만큼 공감능력도 향상됩니다.

사람은 다 자기 수준에서 밖에 이해하지 못한다.
_이드리스 샤흐

배우자에 대한 이해의 폭을 넓히려면 나의 어떤 태도를 고쳐야 합니까?
이에 대한 나의 느낌은? _____

'배우자에 대한 부정적인 생각이 들 때는 내 입장이 아니라 상대방 입장에서 이해하려고 노력해 보세요.'

1·2·3 부부 대화법

1·2·3 부부 대화법이 있습니다. 1분간 말하고, 2분간 들어주고, 3분 간 맞장구치는 대화법입니다. 이 대화법에서는 남편이 아내의 말에 맞 장구치며 대화를 이어가는 일이 중요합니다. 부부 대화는 간단한 공감 과 반응만으로도 맞장구가 가능합니다. 공감을 잘못하는 남편들도 "정 말이야?" "웬일이야?" "그랬더니?" "기분은 어땠어?" 이 네 가지 말만 가 지고도 아내와 충분히 대화를 나눌 수 있습니다. 맞장구는 대화의 리 듬을 만듭니다.

우리에게 두 귀와 하나의 혀가 있는 것은 좀 더 많이 듣고 좀 더 적게 말하는 뜻이다.
_디오게네스

우리 부부의 대화법 중에서 어떤 부분의 개선이 필요합니까?
이에 대한 나의 느낌은? _____

'배우자가 말하면 이해하고 공감한다는 표시로 항상 긍정적인 리액션을 해 주세요.'

4일

매일 한 가지씩 배우자를 칭찬하는 습관

콩깍지가 씌워지면 상대방의 단점이 보이지 않듯이, 부부 사이에 갈등이 길어지면 배우자의 장점이 잘 보이지 않습니다. 실제로 배우자는 바뀐 게 없는데 상대를 보는 자신의 관점이 변한 것뿐입니다. '행동이 느리다.'는 단점도 관점을 바꾸어 보면 '신중하다.'는 장점으로 변합니다. 서로의 단점만 보는 부부는 결혼생활을 통해 성장할 기회를 놓치게 됩니다. 매일 한 가지씩 배우자를 칭찬하는 습관은 상대방에 대한 자신의 부정적인 시각을 바꾸는 좋은 방법입니다.

연애는 사람의 눈을 멀게 하지만 결혼은 시력을 되돌려 준다.
_게오르크 C. 리히텐베르그

지금 배우자의 단점은 신혼 때와 어떻게 달라졌습니까?
이에 대한 나의 느낌은? _____

'오늘부터 배우자에게 매일 한 가지 칭찬을 해 주고 노트에 칭찬 목록을 써 내려가세요.'

자녀에게 주는 최고의 유산

부모의 성격뿐만 아니라 질병과 버릇 심지어 감정표현까지도 자녀에게 대물림됩니다. 부모는 자녀의 롤 모델입니다. 자녀는 부모를 보고 배우기 때문에 자연히 그들의 결혼생활마저도 부모를 닮아 가게 됩니다. 부모는 자녀의 결혼관, 성역할, 양육방법, 의사소통, 문제해결 방식 등 전반적으로 영향을 미칩니다. 자녀가 행복하게 살기를 바란다면 부모는 자녀에게 좋은 롤 모델이 되도록 노력해야 합니다. 부모가 자녀에게 물려줄 수 있는 최고의 유산은 '부모의 행복하게 사는 모습'입니다.

인격은 당신의 아이들에게 남겨줄 수 있는 최대의 유산이다.
_아놀드 그라소우

자녀에게 물려주고 싶은 최고의 유산은 무엇입니까?
이에 대한 나의 느낌은? _____

'우리 부부의 결혼생활이나 부부 관계가 자녀에게 어떤 영향을 주고 있는지 부부가 대화 시간을 가져 보세요.'

남자는 공간, 여자는 공감

남자들의 친밀감은 '공간space'에 있고, 여자들은 '공감sympathy'에 있습니다. 그들은 같은 공간에서 함께 생활할 때 친밀감을 느끼고, 그녀들은 대화를 통해 정서적 교감을 나눌 때 친밀감을 느낍니다. 따라서 부부의 친밀감은 함께 생활한 시간과 정서적 교감을 나눈 대화 시간에 비례합니다. 부부가 함께 즐거운 추억을 만들거나 대화를 통해 서로의 마음을 공감하고 이해해 줄 때 친밀감은 쌓입니다. 부부가 친밀감을 느낄수록 행복감도 함께 높아집니다.

우리가 서로 친밀감을 가질 수 있는 것은 서로 앓고 있는 병이 같다는 이유이다.

_조나단 스위프트

부부의 친밀감을 높이기 위해 노력해야 할 점들 중에 한 가지만 든다면?
이에 대한 나의 느낌은? _____

'오늘 배우자와 친밀감을 높일 수 있는 한 가지를 바로 실천에 옮겨 보세요.'

다시는 행복할 수 없을 만큼

결혼은 혼자 사는 외로운 자유보다는 조금은 불편하지만 함께 사는 행복한 동행을 선택한 것입니다. 부부로 산다는 것은 달콤한 행복만 아니라 갈등과 시련도 함께한다는 의미입니다. 부부의 결혼생활은 서로 사랑하고, 미워하고, 상처 주고, 원망하는 수많은 감정들이 수繡놓는 아름다운 파노라마입니다. 사랑은 이 모든 감정들을 녹여 주는 용광로입니다. 사랑하며 살기도 짧은 인생. 오늘을 마지막 날인 것처럼, 다시는 행복할 수 없을 만큼 부부가 서로 사랑하면 어떨까요?

바다에는 진주가 있고, 하늘에는 별이 있다. 그리고 내 마음, 내 마음에는 사랑이 있다.

_헨리 W. 롱펠로우

오늘이 내 삶의 마지막 날이라면 배우자를 위해 무엇을 해 주고 싶습니까?
이에 대한 나의 느낌은? _____

'지금부터라도 배우자를 열정적으로 사랑하면서 행복하게 살겠다고 결심하세요.'

효도는 혼자 할 수 없다

결혼하면 우선순위가 부모에서 배우자로 바뀝니다. 모든 가족 관계의 시작과 끝은 부부입니다. 부부 관계가 좋을 때는 양가 부모와의 관계도 좋아집니다.

효도는 혼자 할 수 없습니다. 내 부모에게 잘하고 싶으면 배우자 부모에게 더 잘해 줘야 합니다. 부부는 서로에게 매일 감사해야 합니다. 연로하신 내 부모를 보살펴 주는 사람이 배우자이기 때문입니다.

부모를 사랑하는 사람은 남을 미워하지 않으며, 부모를 공경하는 사람은 남을 얕보지 않는다.

_불경

배우자의 부모에게 어떻게 대하고 있습니까?
이에 대한 나의 느낌은? _____

'지금 배우자 부모에게 안부 전화를 드리세요.'

서운한 마음은 그때그때 풀어야

배우자에게 서운한 마음을 갖게 되면 말을 섞기 싫어지고 관계도 서먹해집니다. 서운한 감정은 묵혀두지 말고 그때그때 대화로 풀어야 서로에게 좋습니다. 서운한 감정을 표현할 때는 '나'를 주어로, 생각보다는 '느낌'을 전달하면 상대방의 기분도 상하지 않으면서 자신의 서운함을 털어 놓을 수 있습니다. 서운한 마음은 부부 사이에 대화가 부족하다는 신호입니다.

우리가 만일 상대방의 입장에서 이해하고 아량을 베푼다면 세상의 비참함과 오해 가운데 4분의 3은 사라질 것이다.
_마하트마 간디

배우자에 대해 언제 서운한 감정을 갖게 됩니까?
이때 나의 느낌은? _____

'그동안 배우자에게 서운한 일이 있다면, 오늘 그 일에 대한 자신의 서운한 감정을 카톡을 보내거나, 편지를 써서 전달하세요.'

10일

남자에게 성의 의미

여자들은 대화로 서로의 감정을 확인한 뒤 사랑을 나누고 싶어 합니다. 하지만 남자들은 사랑의 감정을 말로 잘 표현하지 못하고 행동으로 표현합니다. 남자에게 성은 감정을 전달하는 소통의 수단입니다. 그들은 성관계를 하면서 억눌렸던 마음을 열고 솔직한 감정을 드러냅니다. 그래서 아무리 무뚝뚝한 남자라도 사랑을 나눈 후에는 "사랑해!"라는 말을 하게 됩니다. 남자는 성이라 말하면 여자는 이를 사랑이라 말합니다.

남자가 가슴을 열어 사랑을 느끼고 그 사랑을 여자에게 표현하도록 하는 가장 효과적인 수단은 근사한 섹스이다.

_존 그레이

배우자와 함께하는 성관계는 나에게 어떤 의미가 있습니까?
이에 대한 나의 느낌은? _____

'배우자의 성관계에 대한 인식을 존중하고 배려해 주세요.'

배우자에 대한 연구

심장이 두근거렸던 연애 시절에는 상대방에 대한 호기심으로 서로를 알려고 노력했습니다. 그러나 상대방의 마음을 얻고 결혼한 다음에는 서로에 대한 연구열이 식어졌습니다. 결혼한 다음에도 배우자에 대한 연구는 지속되어야합니다. 결혼 전의 연구는 주로 취미, 습관, 성격 같은 일반적인 것이었다면 결혼 후에는 가치관, 신념, 상처 같은 내면에 대한 심층적인 연구가 진행되어야 합니다. 배우자는 내가 연구해야 할 평생 과제입니다.

호기심이 사라져야 사람들은 생각할 수 있다.
_엘리아스 카네

결혼 후에 배우자에 대한 좀 더 알고 싶은 점은 무엇입니까?
이에 대한 나의 느낌은? _____

'배우자를 이해하기 위해서 성장과정 특히 부모와의 관계, 부모의 부부 관계에 대해 자세히 알아보세요.'

12일

5대1의 법칙

부부 관계는 상호작용입니다. 연구에 의하면 행복한 부부는 긍정적인 상호작용이 부정적인 상호작용보다 5배가 넘는다고 합니다. 예를 들면 배우자에게 부정적인 말을 한번 했다면 최소한 5번 이상 긍정적인 말이나 행동을 해야 부정적인 영향이 상쇄된다는 의미입니다.

부부간에 긍정적인 상호작용을 높이려면 '아니요'를 줄이고 '예'를 높여야 합니다. 배우자의 의견에 동의하지 않을 때도 "당신 의견도 좋은데 우리 이러면 어때요."라고 항상 대안을 제시해 보면 어떨까요?

나쁜 것이 좋은 것보다 강하다.
_화자 미상

배우자의 말에 긍정적인 응답을 높이려면 어떤 노력이 필요합니까?
이에 대한 나의 느낌은? _____

'배우자의 의견에 동의하지 않을 때도 먼저 긍정을 한 후에 자신의 의견을 제시하는 'Yes, But 화법'을 사용하세요.'

가장 행복감을 느낄 때

한국인은 부정적인 감정과 긍정적인 감정을 표현하는 단어의 비율이 7대3 정도라고 합니다. 이처럼 우리는 긍정적인 감정보다 부정적인 감정을 더 많이 느끼고 있습니다.

부부 사이에 가장 행복감을 느낄 때는 긍정적인 감정과 부정적인 감정의 비율이 3대1이라는 연구도 있습니다. 부부는 서로의 애정을 확인할 수 있는 긍정적인 말이나 행동을 자주 함으로써 관심, 존중, 배려, 우정, 감사 같은 긍정적인 감정이 만들어집니다. 긍정적인 감정이 행복한 부부 관계의 비결입니다.

우리는 우리가 행복해지려고 마음먹은 만큼 행복해질 수 있다. 행복해지고 싶으면 행복하다고 생각하라.
_에이브러햄 링컨

부부 관계에서 가장 행복감을 느낄 때는 언제입니까?
이때 나의 느낌은? _____

'오늘은 배우자에게 긍정적인 말과 행동만 하도록 노력해 보세요.'

14일

신뢰를 파괴하는 거짓말

남자들은 자신의 남자다움이나 능력을 부각하기 위한 거짓말을 하고, 여자들은 주로 자신을 좀 더 예쁘게 포장하거나 돋보이기 위한 거짓말을 합니다. 사람들이 거짓말을 하는 이유는 안 들킬 것이라는 착각 때문입니다. 거짓말은 부부의 신뢰를 허물고 부부 관계를 파괴하는 나쁜 습관입니다. 진실을 말할 용기가 없는 사람이 거짓말을 합니다. 거짓말을 안 하려면 거짓말할 짓을 안 하는 것 이외 다른 방법이 없습니다.

좋은 아내는 남편이 비밀에 붙이고 싶어 하는 사소한 일을 언제나 모른 척한다. 그것이 결혼생활의 기본예절이다.

_서머셋 몸

내가 배우자에게 거짓말을 하게 되는 이유는 무엇 때문입니까? 이에 대한 나의 느낌은? _____

'어떤 상황에서도 배우자에게 거짓말을 하지 않으려고 노력하세요.'

결혼은 쉽지만 결혼생활은 어렵다

부부라는 이유만으로 배우자를 자신에게 맞추도록 강요할 수 없습니다. 사람의 성격과 습관은 쉽게 바뀌지 않습니다. 결혼생활은 배우자를 바꾸는 것이 아니라 나를 바꾸는 것입니다. 성공적인 결혼생활은 배우자에게 적응하려는 자신의 노력 여부에 달려 있습니다. 결혼생활은 서로에게 맞춰 동반자 관계를 만들어 가는 긴 여정입니다. 결혼은 쉽지만 결혼생활은 어렵습니다.

결혼은 창문을 닫은 채 잘 수 없는 남자와 창문을 열어 둔 채 잘 수 없는 여자와의 결합이다.
_조지 버나드 쇼

배우자에게 적응을 잘하기 위해 나의 어떤 점을 고치야 합니까?
이에 대한 나의 느낌은? _____

'부부는 서로가 상대방에게 쉽게 맞출 수 있는 것부터 행동으로 옮겨 보세요.'

16일

스트레스를 받으면

스트레스를 받으면, 남자는 두뇌의 '논리 기능'이 활발하게 작동하는 반면 여자는 '언어 기능'이 활성화 됩니다. 남자들은 문제로 인해 복잡해진 생각들을 혼자 이리저리 정리할 시간이 필요하며, 그것을 해결함으로써 스트레스를 해소합니다. 여자들은 문제로 생긴 자신의 여러 감정들을 두서없이 이야기함으로써 스트레스를 풀려고 합니다. 따라서 남자는 혼자서 편히 쉴 휴식 공간이 필요하고, 여자는 자신의 말을 들어주며 위로해 줄 말상대가 필요합니다. 스트레스는 덧나기 쉬운 상처처럼 매우 치명적입니다.

당신 내면에는 당신이 언제든 물러나서 당신 스스로를 찾을 수 있는 당신만의 고요한 안식처가 있다.
_헤르만 헤세

스트레스를 받으면, 나는 어떻게 풀고 있습니까?
이에 대한 나의 느낌은? _____

'배우자가 스트레스를 받고 있으면, 아내는 남편이 편히 휴식할 수 있도록 배려해 주고, 남편은 아내의 말상대가 되어 이야기를 잘 들어 주세요.'

열 번 잘하다가 한 번 잘못하면

상대방이 열 번 잘하다가 한 번 잘못하면, 그 한 번의 부정적 경험을 그 사람의 성격적 특성으로 해석하려는 심리가 있습니다. 배우자가 한 번이라도 실수하면 '항상' '언제나' 그런 것처럼 생각되어 부정적인 말을 하게 됩니다. 그렇기 때문에 배우자의 실수를 보면 의식적으로 그동안 잘한 점도 함께 떠올려 보도록 노력해야 합니다. 내가 완벽하지 않은 것처럼 상대방도 그럴 수가 있다고 이해하면서 배우자를 너그럽게 품어주세요.

남을 판단하지 마라. 그러면 너희도 판단받지 않을 것이다.
_성경

내게 항상 부정적으로 비춰지는 배우자의 행동은 무엇이 있습니까?
이때 나의 느낌은? _____

'배우자가 실수나 잘못을 하게 되면 지적이나 비난을 하지 말고 이해하면서 너그럽게 품어 주세요.'

아내가 바라는 사소한 것들

남편의 입장에서는 별일이 아니지만 아내의 입장에서는 중요하게 생각하는 것들이 있습니다. 남편의 '전화 한 통' '포옹 한 번' '사랑해 한 마디' 같은 사소한 것들입니다. 아내는 이런 것들을 통해 자신에 대한 남편의 관심과 사랑을 확인하기 때문에 안 해 주면 서운해합니다. 하지만 아내가 바라는 그것들이 남편들에게는 지속성이 필요하기 때문에 선뜻 행동으로 옮기지 못합니다. 아내의 마음을 항상 기쁘게 해 주는 것은 남편의 작은 친절입니다.

조그마한 친절이, 한마디 사랑의 말이, 저 위의 하늘나라처럼 이 땅을 즐거운 곳으로 만든다.
_존 F. 케네디

배우자가 내게 해 주기를 기대하는 사소한 것은 무엇입니까?
이에 대한 나의 느낌은? _____

'배우자가 사랑받는다는 확신을 느낄 수 있도록 지속적으로 관심을 보여 주세요.'

작지만 소중한 순간들

배우자에 대한 불평불만은 어쩌면 반복되는 일상생활에 지쳐서 새로운 기쁨을 찾지 못해서일지 모릅니다. 부부는 일상에서 무엇인가를 발견하고 깨달을 때 감사한 삶을 살게 됩니다. 일상은 보석함과 같습니다. 그것을 열지 않으면 그 안에 작고 아름다운 행복의 보석들이 반짝이며 빛을 내고 있는지 알지 못합니다. 내가 알지 못하는 사이에 작지만 소중한 순간들이 스치며 지나가고 있습니다. 깨어서 살지 않으면 작지만 소중한 순간들을 놓치게 됩니다.

인생은 우리가 하루 종일 생각하는 것으로 이루어져 있다.
_랄프 왈도 에머슨

일상생활 가운데 발견한 작지만 소중한 순간들은 무엇입니까?
이에 대한 나의 느낌은? _____

'스쳐 지나가는 일상의 순간을 지켜보면서 하나하나에 그 의미를 부여해 보세요.'

현명한 남편, 지혜로운 아내

남자들은 주변을 넓게 보지 못하고 한 가지 문제에 빠져드는 경향이 있습니다. 현명한 남편은 아내에게 조언을 청하여 귀 기울여 듣습니다. 여자들은 미래보다는 현실에 안주하려는 성향이 강합니다. 지혜로운 아내는 남편의 기를 살려 주고 길을 열어 줍니다. 배우자를 진정한 동반자로 인정하고 지지해 줄 때 인생에서 더 많은 성장의 기회를 가질 수 있습니다. 남편은 멀리 보고 아내는 깊게 봅니다.

남자는 길들여지지 않은 야생동물이며, 여자는 그 야생동물을 길들이는 조련사이다.
_폴리스 바이언

배우자의 성장을 위해 어떤 배려나 지원을 하고 있습니까?
이에 대한 나의 느낌은? _____

'배우자에게 항상 지지와 격려의 말로 기를 살려 주세요.'

21일

가정의 중심은 부부

세상 모든 것에는 중심이 있습니다. 중심이 흔들리면 그것은 오래 지탱하지 못합니다. 가정의 중심은 부부입니다. 그 중심의 자리에 자녀나 돈, 일이 자리 잡고 있으면 가정이 흔들립니다. 남편의 중심에는 항상 아내가 있어야 하고, 아내의 중심에도 남편이 있어야 합니다. 부부가 서로 사랑하는 아름다운 모습은 자녀들에게 매일 행복을 선물해 주는 것과 같습니다.

젊은 시절에는 정열이, 중년에는 신뢰가, 그리고 노년에는 위로가 부부 유대 관계의 중심이 된다. 그러나 그 기반에 항상 사랑이 깔려 있지 않으면 그것은 차갑고 보잘것없는 관계로 전락하고 말 것이다.
_프란시스 베이컨

> 부부의 자리에 다른 것이 들어올 때 부부의 관계에 어떤 영향을 미칩니까?
> 이에 대한 나의 느낌은? _____

'오늘은 둘이 만나 하나가 된 부부의 날입니다. 연애 시절처럼 배우자에게 그때 자주 불렀던 노래를 멋지게 들려주세요.'

부부싸움, 그 후가 중요하다

자녀들에게 부부싸움을 보여 주었다면 화해하는 모습도 보여 주어야 합니다. 아이들이 모르는 것 같아도 부모가 싸움을 잘 해결하는지 그냥 싸우고 마는지 압니다. 부모가 싸워도 화해나 타협으로 싸움을 잘 끝내면 부부싸움의 부정적인 영향을 줄일 수 있습니다. 부모가 서로 화해하고 갈등을 건강하게 해결하는 모습은 자녀들의 불안한 마음을 안정시켜 주고 사회성도 키워 주게 됩니다. 이왕 시작한 부부싸움이라면 끝마무리도 잘해야 합니다.

현명한 부부는 승전보다는 휴전과 평화협정에 노력을 기울인다.
_양광모

부부싸움 후에 자녀들에게 어떤 모습으로 비춰지길 기대합니까?
이에 대한 나의 느낌은? _____

'부부싸움은 끝마무리가 중요하다는 사실을 명심하세요.'

부부 대화의 황금비율

'7대3 대화법'이 있습니다. 상대가 7을 말하게 하고, 자신은 3을 말할 때를 대화의 황금비율이라고 합니다. 부부 대화에도 황금비율이 있습니다. 아내가 7을 말하고 남편은 3을 말할 때입니다. 부부가 저녁에 만났을 때, "오늘 기분 어땠어요?" 또는 "오늘 힘든 일 없었어요?"라고 서로에게 묻기만 해도 부부 대화의 황금비율은 자연스럽게 맞춰질 수 있습니다. 아내가 말을 많이 하고, 남편이 말을 적게 하는 곳이 가정입니다.

현명한 자는 긴 귀와 짧은 혀를 가지고 있다.
_영국 속담

우리 부부의 대화 습관 중에 고쳐야 할 점은 무엇입니까?
이에 대한 나의 느낌은? _____

'배우자가 말을 하면 긍정적인 리액션으로 공감을 표현해 주세요.'

부부는 가정의 공동 C.E.O

가정은 부부가 함께 꾸려가는 공동체입니다. 부부는 가정의 공동 C.E.O입니다. 가정도 기업처럼 경영이 필요합니다. 부부가 함께 계획을 세우고, 이를 함께 실천하고, 그 결과를 함께 점검하는 과정이 필요합니다. 가정은 적은 시간과 노력을 투입해도 지금보다 훨씬 더 행복해질 수 있습니다. 부모는 재산 같은 유형의 자산도 중요하지만 부부의 사랑, 결혼의 가치 같은 무형의 자산이 자녀에게 물려줄 더 값진 유산입니다.

가정은 국가의 심장이다.
_프랑스 속담

지금보다 가정을 잘 경영하기 위해서는 어떤 점의 개선이 필요합니까?
이에 대한 나의 느낌은? _____

'가정에는 재산 같은 유형의 자산도 중요하지만, 부부 사랑이나 결혼의 가치 같은 무형의 자산도 중요하다는 점을 잊지 마세요.'

25일

매일 20분간의 부부 대화

부부 사이에 가장 귀한 사랑의 선물은 대화입니다. 요즘처럼 바쁜 생활에서는 부부가 따로 시간을 정해 규칙적으로 대화하려는 노력이 필요합니다. 부부가 매일 20분만이라도 시간을 내어 대화하는 습관을 만들어야 합니다.

이 20분간은 비난보다는 칭찬을 하고, 단점보다는 장점을 얘기하고, 생각보다는 느낌을 표현하고, 서로를 이해하고 공감해 주며, 상처받은 얘기를 하면 위로해 주는 특별한 시간입니다. 매일 20분간 부부 대화는 사랑의 기적을 낳습니다.

좋은 대화는 블랙커피처럼 활기를 주고 잠들기 힘들게 한다.
_앤 모로우 린드버그

부부가 매일 대화하는 습관을 갖기 위해 함께 노력해야 할 점은? 이에 대한 나의 느낌은? _____

'일주일만이라도 좋으니, 부부가 매일 20분간 대화 시간을 가져 보세요.'

결혼생활의 변화는 나부터

자신의 결혼생활에서 배우자의 영향력은 30%이고, 나머지 70%는 자신에 의해 좌우됩니다. 부부 문제를 풀어 가는 시작은 '나'부터입니다. '나'부터 배우자의 말과 행동에 기분이 나쁘면 짜증을 내거나 잔소리하는 나쁜 습관부터 고쳐야 합니다. 과거와 배우자는 변화시킬 수 없습니다. 그러나 미래와 '나'는 변화시킬 수 있습니다.

아무것도 변하지 않을지라도 내가 변하면 모든 것이 변한다.
_오노레 드 발자크

결혼생활의 변화를 위해 내가 먼저 고쳐야 할 점은 무엇입니까?
이에 대한 나의 느낌은? _____

'배우자의 변화를 기대하지 말고 나부터 변화하려고 노력하세요.'

27일

부부는 한 팀

부부는 부부로서 함께 평가받는 한 팀입니다. 한 사람이 아무리 잘하더라도 상대방이 못하면 부부로서 평판은 낮아집니다. 따라서 배우자가 '한 팀'으로서 충분히 능력을 발휘할 수 있도록 상대방을 배려하고 도와주어야 합니다. 마치 두개의 톱니바퀴가 맞물려 돌아갈 때처럼 서로의 부족한 점을 보완하고 맞춰감으로써 진정한 한 팀이 될 수 있습니다.

조직을 승리로 이끄는 힘의 25%는 실력이고, 나머지 75%는 팀워크이다.

_딕 버메일

부부가 '한 팀'으로서 배우자를 도와주어야 할 점은 무엇입니까?
이에 대한 나의 느낌은? _____

'부부는 한 팀이라는 사실을 항상 유의하세요.'

아내에게 진심으로 사과하고 싶다면

   부부싸움 후에 대부분 남편들은 아내의 감당이 안 되는 잔소리에 지쳐서 "내가 잘못했어."라고 먼저 사과부터 합니다. 그러나 아내는 속상한 감정이 마음속에서 정리가 안 된 상태이기 때문에 남편의 사과를 받아들이지 못합니다. 남편이 진심으로 사과하고 싶다면 먼저 자신의 행동이나 말 때문에 상처받은 아내의 말부터 잘 들어주어야 합니다. 실행이 없는 사과는 무의미합니다.

훌륭한 사과는 세 부분으로 이뤄진다. 미안해. 내 잘못이야. 바로 잡으려면 어떻게 해야 할까? 대부분의 사람은 세 번째를 잊는다.
_화자 미상

> 부부싸움 후 배우자가 어떻게 사과를 했을 때 마음이 풀렸습니까?
> 이때 나의 느낌은? _____

'부부싸움을 하고 난 후에는 먼저 상대방의 말부터 잘 들어주어 속상한 마음을 풀어 주세요.'

기념일에 대한 아내와 남편의 인식 차이

남편들은 기념일에 가족이 함께 식사하는 정도로 가볍게 생각합니다. 그러나 아내들은 선물도 주고받고 좋은 곳으로 놀러가 사진도 찍는 등 평소보다 특별하게 보내기를 원합니다.

아내는 기념일에 남편과 함께 무엇을 했느냐를 중요하게 생각합니다. 그녀는 기념일을 챙겨 주는 남편의 태도를 통해서 자신에 대한 관심과 애정의 정도를 확인합니다. 남편들은 새해가 되면 달력에 아내와 관련된 기념일을 적어두고 꼭 챙겨야 합니다. 조그만 기억이 향기를 더욱 짙게 만듭니다.

대부분의 남자들은 달력 따위엔 흥미가 없다. 그러나 절대 잊어서는 안 될 날은 아내의 생일과 결혼기념일이다. 두 날은 절대 잊어서는 안 된다.
_데일 카네기

기념일에 배우자와 어떻게 보내기를 원합니까?
이에 대한 나의 느낌은? _____

'배우자의 생일과 결혼기념일에는 특별 이벤트를 준비해서 상대방을 기쁘게 해 주세요.'

30일

유혹에 흔들리지 않는 남편

남편들은 자기 아내에게 성적으로 만족감을 주었을 때 자부심을 느낍니다. 아내에게 남자다움을 인정받고 싶은 남자로서의 자존심 때문입니다. 하지만 남편들은 성적으로 자신의 아내를 충족시켜 주지 못한다고 느낄 때 다른 여자의 사소한 칭찬이나 감사의 말 한마디에도 마음이 흔들릴 수 있습니다. 하지만 아내와의 성생활에 만족하는 남편은 외부의 어떤 유혹 앞에서도 흔들리지 않습니다.

유혹에 대한 방비책은 여러 가지 있으나, 가장 확실한 방법은 겁쟁이가 되는 것이다.
_마크 트웨인

내가 다른 이성의 유혹에 흔들릴 때는 언제입니까?
이때 나의 느낌은? _____

'부부는 각자 핸드폰의 배경화면에 가족사진이나 결혼사진으로 설정해 두세요.'

31일

새우잠을 자더라도 고래 꿈을 꾸고 살아야

결혼한 부부는 주어진 현실의 한계를 잘 알고 있기에 꿈꾸기를 포기하고 삽니다. 꿈이 없는 삶은 희망이 없습니다. 꿈은 꿈을 꾸는 사람들의 것입니다. 꿈은 꿀수록 커집니다. 비록 소박한 것이라도 부부가 함께 이루고 싶은 꿈을 공유하게 되면 활력도 생기고 유대감을 갖게 됩니다. 부부는 함께 새우잠을 자더라도 고래 꿈을 꾸고 살아야 합니다.

모든 꿈은 이루어진다. 우리가 그 꿈을 실행할 용기만 가지고 있다면.
_월트 디즈니

> 우리 부부가 공유하고 있는 부부의 꿈은 무엇이 있습니까?
> 이에 대한 나의 느낌은? _____

'부부가 예전에 가졌던 서로의 꿈에 대해 대화해 보세요.'

존경받는 남편이 되기 위한 조언 18가지

1. 신혼 때의 관심과 사랑을 유지하세요.
2. 아내에 대한 사랑을 자주 표현하세요.
3. 아내가 관심을 갖는 기념일은 꼭 챙겨 주세요.
4. 아내의 말상대가 되어 주세요.
5. 아내의 옷차림과 외모에 관심을 보이세요.
6. 정직하고 투명한 마음을 보여 주세요.

7. 음식을 만든 아내에게 감사를 표시하세요.
8. 아내가 하는 말을 귀 기울여 경청하세요.
9. 둘만의 시간을 만들어 자주 외출하세요.
10. 아내에게 상처 주는 농담이나 행동을 삼가세요.
11. 아내의 말에 맞장구를 쳐주고 공감해 주세요.
12. 의견 대립이 있을 때는 아내에게 양보하세요.

13. 집안 살림살이는 아내에게 맡기세요.
14. 항상 아내의 편을 들어주세요.
15. 아내의 개성과 취미를 존중해 주고 키워 주세요.
16. 아내의 일을 도와주세요.
17. 하루 한 번씩 아내를 칭찬해 주세요.
18. 마트나 쇼핑을 갈 때 함께 다니세요.

6월
JUNE

6월

JUNE

독창과 합창

부부 관계는 독창이 아니라 합창이 되어야 합니다. 독창은 자기를 내세우는 것이며 합창은 배우자의 뜻에 따르는 것입니다. 부부가 합창을 할 때 아름다움이 있고 사랑이 있습니다. 합창의 생명은 일치에 있습니다. 항상 일치를 이루려는 부부의 노력이 다른 사람들에게는 아름다운 사랑의 화음으로 들립니다. 사랑은 두 사람의 아름다운 하모니입니다.

사랑은 이런 것. 두 개의 영혼이지만 하나의 생각을 하고, 두 개의 심장이지만 하나를 위해 고동치는 것.
_화자 미상

배우자와 일치를 이루는 데 무엇이 가장 중요합니까?
이에 대한 나의 느낌은? _____

'항상 배우자와 화합과 조화를 이루도록 노력하세요.'

2일

선택권과 타이밍

남자들은 선택권을 주면 부탁을 잘 들어줍니다. "지금 청소하려고 하는데, 당신은 청소할래요? 아니면 음식물쓰레기 버려줄래요?" 남편들은 아내에게 지시받는다고 생각하면 본능적으로 저항하려는 심리가 있습니다.

남자들은 한 번에 한 가지 일밖에 하지 못합니다. 음식물쓰레기를 버리려 문을 열고 나가는 남편에게 "기왕 나가는 김에 두부도 사다 줄래요?" 남편에게 두 가지 일을 한꺼번에 시키려면 타이밍이 중요합니다. 선택권과 타이밍은 남편의 마음을 거부감 없이 움직이게 하는 아내의 배려입니다.

모든 행동에는 적절한 때가 있는 법이다.
_발타사르 그라시안

배우자의 부탁을 기꺼이 들어주고 싶을 때는 언제입니까?
이때 나의 느낌은? _____

'남편에게 집안일을 시킬 때는 권유형의 말투를 사용해 기분이 상하지 않도록 배려해 주세요.'

3일

부부 관계는 말투에서 시작된다

같은 말이라도 말투에 따라 상대방이 받아들이는 감정은 달라집니다. 비꼬는 말투, 무시하는 말투, 빈정대는 말투, 단정적인 말투, 명령조의 말투, 짜증내는 말투, 가르치는 말투 등 이런 부정적인 말투는 상대방에게 불쾌감을 불러일으키게 합니다. 말투는 말을 담는 그릇입니다. 부부가 대화할 때는 말의 내용보다는 말투에 더욱 신경을 써야합니다. 부부 관계를 바꾸고 싶다면 자신의 말투부터 고쳐야합니다. 부부 관계는 말투에서 시작됩니다.

퉁명스런 말투는 들어온 복도 깨트린다.
_이상헌

내게 불쾌감을 주는 배우자의 말투는 무엇입니까?
이에 대한 나의 느낌은? _____

'배우자에게 내 말투 중에 어떤 점을 고쳐야 할지 물어보세요.'

공감은 마음을 여는 열쇠

상대방의 말을 머리로 받아들이는 것을 이해라고 하며, 이해가 가슴까지 내려오면 공감이 됩니다. 그래서 이해하지 못한 상태에서는 공감하기가 어렵습니다. 공감하기 위해서는 먼저 자신의 판단부터 내려놓아야 합니다. 옳고 그름이라는 잣대를 들이대면 공감하기보다는 비난이나 간섭으로 흐르기 쉽습니다. 남자들은 옳고 그름을 따지는 사고습관 때문에 평소 아내의 말을 공감하기 어렵습니다. 공감은 마음을 여는 열쇠입니다.

누군가의 마음은 상대방이 옳다 그르다 판단할 영역이 아니다.
_정혜선,《당신은 옳다》책에서

배우자의 말에 공감을 잘하려면 어떤 노력이 필요합니까?
이때 나의 느낌은? _____

'배우자의 말을 들을 때는 자신의 판단부터 내려놓으세요.'

남자의 지갑, 여자의 핸드백

남자는 단순하지만, 여자는 복잡합니다. 이는 남자의 지갑과 여자의 핸드백을 비교해 보면 알 수 있습니다. 남자들은 지갑 안에 신분증, 신용카드 몇 장과 지폐 같이 꼭 필요한 것들만 넣습니다. 반면 여자들의 커다란 핸드백 안에는 혹시 필요할지 모를 온갖 물건으로 가득 차 있습니다. 남자에게 지갑은 단순한 소지품에 불과하지만, 여자에게 핸드백은 보호막이요, 믿음직한 친구이며, 자신의 일부분입니다.

길에서 갑자기 사고를 당했을 때, 남자는 지갑을 들여다보지만 여자는 거울을 들여다본다.
_콜린 M. 턴블

나에게 지갑이나 핸드백은 어떤 의미가 있습니까?
이에 대한 나의 느낌은? _____

'부부가 서로 자신의 지갑이나 핸드백을 열어서 보여 주고 안에 있는 내용물에 대해 설명해 주세요.'

6일

정서적 안정감

부부는 사랑하면서 애착 관계를 맺게 됩니다. 부부간에 애착을 유지하는 데는 정서적 안정감이 필요합니다. 정서적 안정감은 서로를 사랑할 수 있는 에너지와 행복감을 줍니다. 불평과 비난, 말다툼은 부부간에 불안감이 높아져 정서적 안정감이 깨지고 있다는 신호입니다. 이럴 때는 상대방이 정서적 안정감을 되찾도록 말보다는 행동으로 자신의 진심을 보여 주어야 합니다. 스킨십은 정서적 안정감을 주는 최고의 영양제입니다.

사랑이 필요한 사람은 완전한 인간이 아니며 불완전한 인간이야말로 사랑이 필요하다.
_오스카 와일드

배우자에게 정서적 안정감을 느끼지 못할 때는 어떤 행동을 하게 됩니까?
이때 나의 느낌은? _____

'배우자의 정서적 안정감을 위하여 잔소리나 참견을 줄여 주세요.'

아내가 말하기 전에

아내는 자신의 생각을 돌려서 말하는 경향이 있습니다. 남편은 아내가 하는 말을 그대로 믿습니다. 그러다 보니 아내는 자신의 부탁을 남편이 거절했다고 섭섭해합니다. 아내는 남편에게 바라는 것이 있다면 자신의 욕구를 찾아내서 알아듣기 쉽게, 구체적으로 표현해 줘야 합니다. 그래야 남편이 이를 알아차리고 들어주려고 노력하게 됩니다. 아내가 말하기 전에 먼저 가려운 곳을 찾아 긁어 주는 남편이 사랑받습니다.

중요한 할 이야기가 있다면, 모호하거나 교묘하게 이야기하려 하지 말라. 요점을 한 번에 쳐라. 다시 한번 쳐라.
_윈스턴 처칠

> 배우자가 내 마음을 알아주지 않을 때는 어떤 생각을 하게 됩니까?
> 이때 나의 느낌은? _____

'배우자가 알아서 해 주기를 바라지를 말고, 내가 필요로 하는 욕구가 무엇인지 찾아서 알려 주세요.'

사랑은 말이 아니라 행동

부부, 두 사람의 마음을 연결해 주는 것은 말이 아니라 행동입니다. 말과 행동이 다르면 행동에 그 사람의 진심이 있습니다. 만약 행동이 말을 따라가기 어렵다면 말이라도 행동에 일치하도록 힘써야 합니다. 자신의 의지를 보여 주는 건 오직 행동뿐입니다. 매일 아침 커피 한 잔을 갖다 주는 당신의 지속적인 행동에서 배우자는 사랑을 확인합니다. 사랑은 말이 아니라 행동입니다.

늘 행복하고 지혜로운 사람이 되려면 자주 변화해야 한다.
_공자

배우자에게 사랑을 전달하기 위해서 어떤 작은 습관을 만들고 싶습니까?
이에 대한 나의 느낌은? _____

'하다가 그만두더라도 배우자를 감동시킬 한 가지 행동을 지금 당장 시작해 보세요.'

자신의 감정은 자신이 책임져야

자신의 감정에 대한 책임을 배우자에게 전가하는 사람들이 있습니다. 사실 자신의 감정은 배우자와는 아무런 관계가 없습니다. 그럼에도 자신의 감정에 대한 책임을 배우자에게 미루는 일은 스스로 감정을 통제할 수 없음을 자인하는 꼴입니다. 본인의 감정은 스스로 해결해야 할 몫이지 다른 사람에게 전가할 권리는 없습니다. 자신의 감정은 자신이 책임져야 합니다.

자신의 감정을 믿지 말라. 감정은 자신을 속이는 수가 있다.
_불경

배우자가 자신의 감정을 내게 전가하였을 때는 언제입니까?
이때 나의 느낌은? _____

'내가 화나고 속상하더라도 내 감정에 대한 책임을 배우자에게 전가하지 마세요.'

성관계를 위한 최소한의 조건

아내들은 성관계를 위한 최소한의 조건으로 남편의 애정과 아무에게도 방해받지 않는 안전한 장소를 생각합니다. 남편과의 애정이 없는 성관계는 자신이 성적인 도구로 전락됐다는 모멸감을 갖게 합니다. 또 집안에서 아이들로 인해 신경이 쓰인다면 외부의 안전한 장소로 옮겨 마음 편히 사랑을 나눌 수 있어야 합니다. 남편의 애정 어린 말과 부드러운 스킨십은 아내의 마음과 몸을 열리게 합니다. 이럴 때 아내는 성적인 만족감뿐만 아니라 자신감도 높아집니다.

섹스를 결투라고 치면 여자는 전함에서, 남자는 뻥 뚫린 뗏목에서 싸운다.
_헨리 루이스 멘켄

배우자와 성관계를 나누기 위한 최소한의 조건은 무엇입니까?
이에 대한 나의 느낌은? _____

'배우자와 성관계를 갖기 전에 마음의 준비는 충분히 되었는지 물어보세요.'

남편 부리기는 아내 하기 나름

남편들은 입으로만 하는 아내의 잔소리에 꿈쩍하지 않습니다. 남편에게 시킬 일이 있으면 먼저 무슨 일을 언제까지 해 달라는 목록을 써서 전해 주면 효과가 있습니다. 대신 "당신, 지난번 부탁한 일 잘해 줘서 고마워요."라고 칭찬의 당근을 빠뜨려서는 안 됩니다. 그래도 남편이 빈둥대고 있다면, 답답한 마음을 꾹 누르고 "당신, 지난번 내가 부탁한 일 어떻게 됐어요?"라고 가끔씩 상기시켜 주면 효과만점입니다. 남편 부리기는 아내하기 나름입니다.

가정은 여자에게 창조주 다음의 권력이 부여되는 곳이다.
_제시 잭슨

내가 부탁한 일을 배우자가 하지 않고 있을 때는 어떤 반응을 하게 됩니까?
이때 나의 느낌은? _____

'배우자에게 칭찬과 지지를 아끼지 마세요.

12일

하루 일상을 공유하기

부부는 서로 떨어져 있는 동안 무엇을 했는지 하루의 일상을 공유하는 시간이 필요합니다. 잠자리에 누워서 하거나 식탁에서 차 한 잔을 마시면서 오늘 어떤 일이 있었는지, 점심은 무엇을 먹었는지, 기분은 어땠는지 등을 물어보며 서로에 대한 관심을 키워 가야 합니다. 부부의 친밀은 하루의 일상을 공유하는 데서 시작됩니다.

완벽한 삶은 그 어디에도 없고 그저 행복한 삶만이 존재할 뿐이다. 그리고 그 행복은 내가 선택해야 한다.

_화자 미상

우리 부부는 떨어져 있는 동안 일어난 일들을 어떻게 공유합니까? 이에 대한 나의 느낌은? _____

'부부가 저녁에 만나면 떨어져 있는 동안 일어난 일들에 대해 공유하는 시간부터 가지세요.'

느낌과 욕구에 초점을 맞추는 대화

말과 행동에 초점을 맞추는 대화는 오해와 그릇된 추측으로 상대방의 감정을 상하게 할 수 있습니다. 그러나 느낌과 욕구에 초점을 맞추는 대화는 상대방으로 하여금 존중받고 있다는 느낌을 갖게 합니다. 배우자의 느낌 뒤에 있는 욕구를 알아야 배우자를 이해하고 공감할 수 있습니다. 배우자와 공감하게 되면 자기표현은 그다지 어렵지 않습니다. 느낌은 공감의 언어입니다.

가장 중요하면서도 가장 소홀하기 쉬운 대화는 바로 자기 자신과의 대화이다.
_옥센셰르나

배우자의 어떤 점에 대화의 초점을 맞추고 있습니까?
이에 대한 나의 느낌은? _____

'배우자와 대화하기 전에 자신의 생각과 감정을 먼저 정리하고 나서 대화하세요.'

자존심을 내세우는 사람

열등감이 많은 사람이 상처받는 것을 두려워하여 자신을 보호하려고 내세우는 게 자존심입니다. 부부 관계에서 자존심을 내세우는 사람은 자신의 약점은 감추고 배우자에게 좋은 모습만 보여 주려고 합니다. 이런 사람들은 결혼생활을 외롭게 살려고 선택한 것과 같습니다.

완벽한 사람보다 빈틈이 보이는 사람에게 편안하게 다가갈 수 있는 것처럼 자신의 약점은 상대 배우자에게는 매력으로 보입니다. 이 세상의 95% 사람들은 열등감을 느끼며 살고 있습니다.

열등감은 거만과 오만으로 포장할 때 더욱더 깊어진다.
_말콤 포브스

배우자에게 보이고 싶지 않은 나의 약점은 무엇입니까?
이에 대한 나의 느낌은? _____

'오늘은 분위기 있는 커피숍에 가서 배우자에게 자신의 약점을 말해 주세요.'

결혼기념일의 의미

부부에게는 각자의 생일보다는 둘이 하나가 된 결혼기념일이 더욱 중요한 날입니다. 결혼기념일은 부부의 생일입니다. 흔히 결혼기념일에는 외식하고 선물을 교환하는 정도로만 가볍게 생각하는 경향이 있습니다. 보다 의미 있는 결혼기념일을 보내기 위해서는 일 년 동안 결혼생활을 재평가해 보고, 자기 부부만의 결혼 서약서를 다시 만들어 갱신하는 방법도 시도해 볼 만합니다.

결혼이란 단순히 만들어 놓은 행복의 요리를 먹는 것이 아니라 이제부터 노력해서 행복의 요리를 둘이서 만들어 먹는 것이다.
_피카이로

의미 있는 결혼기념일을 보내기 위해서는 어떤 변화가 필요합니까? 이에 대한 나의 느낌은? _____

'결혼기념일에는 지난 일 년 동안 결혼생활에 대해 재평가하는 시간을 가져 보세요.'

타협은 부부의 작은 승리

부부는 서로가 받아들이기 어려운 결정을 해야만 할 때 타협이 필요합니다. 타협의 시작은 나도 틀릴 수 있다는 가정 하에 마음을 열고 상대의 말에 귀를 기울이는 자세입니다. 자신이 감당할 수 있는 범위 내에서 양보하여 서로가 만족하는 최선의 절충점을 찾는 노력이 타협입니다. 타협은 서로의 차이를 인정하고 상대방을 존중하는 부부의 작은 승리입니다.

여자는 사소한 일은 남자가 여자에게 양보하고, 큰일에 있어서는 남자가 강해지기를 기대한다.
_앙리 드 몽테를랑

배우자와 힘들게 타협이 이루어져 서로 만족했을 때는 언제였습니까?
이때 나의 느낌은? _____

'부부가 자기주장을 내세울 때는 타협하라는 신호입니다. 서로가 조금씩 양보하여 타협으로 마무리하세요.

부부 관계의 기초는 신뢰

부부에게는 사랑보다 신뢰가 더 중요합니다. 사랑은 시간이 가면 식지만, 신뢰는 시간이 갈수록 굳건해집니다. 부부 관계의 기초는 신뢰입니다. 신뢰는 배우자가 나를 사랑한다는 확신입니다. 배우자에게 신뢰를 받기 위해서는 나부터 먼저 상대방을 신뢰해야 합니다. 배우자가 나의 의견이나 느낌에 대해 설사 동의하지 않더라도 받아줄 것이라고 믿어야 합니다. 내가 배우자를 신뢰하면 상대방도 나를 신뢰하게 됩니다. 신뢰는 상호작용을 하여 더 큰 신뢰를 낳습니다.

누군가를 신뢰하면 그들도 너를 진심으로 대할 것이다.
_랄프 왈도 에머슨

나는 배우자의 어떤 점을 신뢰하고 있습니까?
이에 대한 나의 느낌은? _____

'내가 배우자를 신뢰하면 상대방도 나를 신뢰하게 된다는 사실을 항상 명심하세요.'

18일

부부 일정표

바쁜 일상에서 부부가 함께하기 위해서는 부부 일정표가 필요합니다. 그렇지 않으면 각자의 우선순위에 밀려 부부의 약속은 공수표가되기 쉽습니다. 새달이 시작되기 전에 부부는 기념일, 여행, 데이트 날짜는 물론 사랑을 나누는 날까지 계획을 세워 부부 일정표를 함께 만듭니다. 부부 일정표는 달력에 표시해 두거나, 다이어리나 휴대폰 달력에 입력하여 누락되지 않게 합니다. 부부 일정표는 부부생활에 활력을 불어넣는 즐거운 이벤트입니다.

조급한 마음으로 치밀한 계획도 없이 먼저 벽돌을 쌓는다면 실패할수밖에 없다.
_발타사르 그라시안

매달 부부 일정표를 만들어 실천하게 되면 어떤 점이 좋다고 생각합니까?
이에 대한 나의 느낌은? _____

'매달 초에는 부부가 상의해서 부부 일정표를 만들고 이를 각자 다이어리에 추가해 놓으세요.'

위험을 무릅쓴 대화

부부가 서로 상처받는 것이 두려워서 피하기만 하면, 부부 대화는 단절이 되기 쉽습니다. 이럴 때 '위험을 무릅쓴 대화'가 있습니다. 이 대화법을 시도하려면 먼저 규칙을 정해 두어야 합니다. '화를 내지 않는다.' '듣기와 말하기는 교대로 한다.' '상대방이 말하는 중에는 끊지 않는다.' 세 가지입니다. 과거 대화하다가 서로 화를 참지 못해 끝내지 못한 대화 주제가 '위험을 무릅쓴 대화'로는 맞춤입니다. 이 대화법의 성공은 규칙을 잘 지키는 데 있습니다. 다시 시도하더라도 서로 화를 참지 못해 대화가 중단될 수 있습니다. 하지만 이런 대화를 할 수 있다는 자체만으로도 이미 대화에 대한 자신감은 회복되었습니다.

무슨 일이든 이루려고 들면 위험이 따라오게 마련이다.
_앤드류 매튜스

'위험을 무릅쓴 대화'를 시도하려면 먼저 어떤 규칙이 필요합니까? 이에 대한 나의 느낌은? _____

'배우자에게 상처받는 것이 두려워 대화를 피하지 말고, '위험을 무릅쓴 대화'로 다시 대화를 시도해 보세요.'

남편은 관심, 아내는 칭찬

아내들은 자신에게 관심을 가져 주는 남편을 좋아합니다. 그녀들은 옷차림, 메이크업, 헤어스타일 등 자신의 사소한 변화에 관심을 가져 주는 남편에게 고마워합니다. 경쟁사회에서 지친 남편들은 아내의 자그만 칭찬에도 힘을 얻습니다. 칭찬은 남편을 춤추게 합니다. 칭찬은 남편에게 활력을 주고, 남편은 이런 기쁨을 주는 아내에게 사랑을 느낍니다. 배우자를 변화시키는 힘은 바로 관심과 칭찬입니다.

남이 당신에게 관심을 갖게 하고 싶거든, 당신 자신이 귀와 눈을 닫지 말고 다른 사람에게 관심을 표시하라.
_로렌스 굴드

> 최근 배우자에게 관심 또는 칭찬을 받고 기뻤을 때는 언제입니까?
> 이때 나의 느낌은? _____

'남편은 아내의 화장이나 헤어스타일 같은 사소한 변화에 관심을 표현해 주고, 아내는 남편의 자그만 성취에 대해 칭찬해 주세요.'

21일

자존심을 버려야 신뢰를 얻을 수 있어

부부 관계에서 자존심을 내세우는 사람은 자신의 약점은 감추고 배우자에게 좋은 모습만 보여 주려고 합니다. 상대방도 다 보여 주지 않는데 자신만 다 보여 줘서는 손해를 본다는 느낌이 들어서입니다. 이는 배우자를 신뢰하지 않고 있기 때문입니다. 신뢰는 배우자를 믿고 자신의 모든 것을 상대방에게 개방하는 것을 말합니다. 자존심을 버려야 신뢰를 얻을 수 있습니다.

자존심은 가장 고귀한 인격을 망친다.
_클라우디아누스

내가 배우자에게 자존심을 버리지 못하고 지키고 싶은 것은 무엇입니까?
이에 대한 나의 느낌은? _____

'배우자에게 자존심을 내세우지 말고 때로는 자신의 나약한 점도 보여 주세요.'

22일

부부싸움의 규칙

싸우는 부부보다 싸우지 않는 부부가 더 위험합니다. 싸울 일이 생기면 굳이 피하지 말고 당당하게 싸워야 합니다. 부부싸움은 가장 신속하고 적극적인 의사소통의 한 방법입니다. 부부싸움이 진정한 의사소통이 되려면 부부싸움의 규칙이 필요합니다. 그 예로는 '한 가지 주제로만 싸운다.' '남과 비교하지 않는다.' '제3자를 끌어들이지 않는다.' '과거를 들추지 않는다.' '화해는 당일을 넘기지 않는다.' '자녀들 앞에서는 싸우지 않는다.' 등이 있습니다. 잘 싸우는 부부가 잘 삽니다.

부부싸움은 결혼생활의 복병이 아니라, 갈등을 표현하고 다뤄서 아무도 손댈 수 없는 파국에 이르지 않게 할 '예방주사'다.
_팀 다운스

우리 부부는 어떤 부부싸움의 규칙들을 정해 놓고 있습니까?
이에 대한 나의 느낌은? _____

'부부싸움의 규칙을 정하고, 서로가 이를 어길 시에는 벌금을 부과하세요.'

23일

마음으로 듣기

대화에는 말하기와 듣기가 있습니다. 그중 말하기보다 듣기가 더 중요합니다. 잘 듣기 위해서는 자신의 생각을 접어두고 상대방의 입장이 되어 진심으로 듣겠다는 마음가짐이 필요합니다. 상대방의 말을 마음으로 듣게 되면 상대방의 입장을 충분히 이해하고 공감할 수 있습니다. 배우자의 말을 잘 들어 주는 것만으로도 배우자의 마음을 얻을 수 있습니다.

신이 인간에게 한 개의 혀와 두 개의 귀를 준 것은 말하는 것보다 상대방의 말을 두 배 더 많이 들으라는 이유에서다.

_에픽토레스

배우자의 말을 마음으로 듣는데 고쳐야 할 나의 듣기의 태도는 무엇입니까?
이에 대한 나의 느낌은? _____

'배우자가 말할 때는 자신의 생각하기를 내려놓고 듣는 데 집중하세요.'

24일

지레짐작하는 말

누구나 자신의 생각이 옳다고 믿습니다. 또한 배우자에 대해 자신이 누구보다 잘 안다고 생각합니다. 그래서 자신의 잣대로 배우자에게 지레짐작하는 말을 할 때가 있습니다. 이는 자신의 사고방식에 문제가 있음을 의미합니다. 배우자에 대한 섣부른 지레짐작은 자칫 오해를 불러일으켜 상대방에게 불쾌감을 느끼게 하거나 자칫 말다툼으로 번질 수 있습니다. 있는 그대로 사실만을 애기하고 판단은 상대방 몫으로 남겨 두어야 합니다.

자기가 얼마나 자주 타인을 오해하는가를 자각하고 있다면 아무도 남들 앞에서 함부로 말하지는 않을 것이다.
_요한 볼프강 폰 괴테

평소 배우자의 어떤 말에 대해 지레짐작하는 말을 하게 됩니까? 이에 대한 나의 느낌은? _____

'지레짐작은 내 생각일 뿐 상대방의 생각과는 다르다는 점을 유념하세요.'

25일

내가 진정 사랑해야 할 단 한 사람

사랑은 삶의 모든 순간을 아름다움으로 가득 채워 줍니다. 사랑은 눈을 멀게도 하지만 세상을 아름답게 볼 수 있는 새로운 눈을 갖게 해 줍니다. 한 사람을 진정 사랑하게 되면서 세상 모든 것을 사랑하게 됩니다. 모든 사랑도 결국은 한 사람을 통해 알게 됩니다. 이 세상에서 내가 진정 사랑해야 할 단 한 사람은 내 남편이고 아내입니다. 삶에서 가장 큰 축복의 순간은 한 사람을 진정 사랑할 때입니다.

진정한 천생연분은 당신이 결혼한 바로 그 사람이다.
_존 로널드 로얼 톨킨

배우자를 사랑함으로써 내 삶이 아름다움으로 가득 채워졌을 때는 언제였습니까?
이때 나의 느낌은? _____

'지금 배우자만을 진심으로 사랑할 것을 세 번 다짐하세요.'

26일

권태기는 결혼이 주는 특별한 선물

부부가 살면서 꼭 거치는 과정이 권태기입니다. 사랑의 유통기한이 끝나는 시점이 바로 권태기의 시작입니다. 권태기는 배우자의 장점보다는 단점을 보게 하고, 호기심을 무관심으로 변하게 합니다.

부부의 진정한 만남은 권태기에서부터 시작됩니다. 권태기는 배우자의 겉모습뿐만 아니라 속마음까지 알아볼 수 있는 좋은 기회입니다. 부부가 서로를 이해하려는 노력과 소통하려는 의지만 있다면 권태기에서 쉽게 벗어날 수 있습니다. 권태기는 결혼이 주는 특별한 선물입니다.

이 세상에서 가장 무서운 것은 가난도, 걱정도, 슬픔도 아니다. 인생에 대하여 권태를 느끼는 것이야말로 가장 무서운 것이다.
_마키야 벨리

결혼생활의 권태기에서 벗어나기 위해 어떤 노력을 하고 있습니까? 이에 대한 나의 느낌은? _____

'배우자의 새로운 점이 무엇이 있는지 항상 발견하는 매의 눈을 가지세요.'

부부의 믿음은 결혼생활의 초석

믿음은 상대방을 전적으로 신뢰하는 마음입니다. 부부는 마치 서커스의 공중그네를 타는 두 사람과 같습니다. 공중그네는 파트너와 호흡이 맞고 상대방에 대한 믿음이 있어야 그네를 함께 탈 수 있습니다. 자신을 내던져도 상대방이 잘 받아 주리라는 믿음, 부부는 서로에 대해 이런 온전한 믿음이 있어야 합니다. 부부는 아무리 성격 차이로 티격태격 싸워도 남편과 아내라는 관계에서 나오는 기본적인 믿음이 있어 함께 살 수 있습니다. 부부의 믿음은 결혼생활의 초석입니다.

믿음이 없다면 사람은 아무것도 해낼 수 없다. 그것이 있다면 모든 것은 가능하다.
_윌리암 오슬러

배우자가 내게 믿음을 주고 있는 점은 무엇입니까?
이에 대한 나의 느낌은? _____

'배우자가 내게 믿음을 주고 있는 점이 무엇인지 이를 상대방에게 알려 주세요.'

28일

자존심을 굽혀 청하는 화해

자존심은 상대방의 감정은 생각하지 않고, 자신의 감정부터 보호하려는 본능입니다. 그러나 자존심을 버리고 사랑을 지켜야 할 때도 있습니다. 배우자와 말다툼한 후 내가 먼저 자존심을 굽혀 청하는 화해는 지는 것이 아니라 배우자의 마음을 얻는 용기 있는 행위입니다. 진정한 승리자는 자기 자신의 분노와 미움을 이겨 낸 사람입니다

실수를 고치는 것은 매우 중요하다. 그리고 고치려는 의지만 있어도 의미가 있다.

_데버라 블럼

자존심을 굽혀 배우자에게 화해를 청하기 어려운 이유는 무엇 때문입니까?
이에 대한 나의 느낌은? _____

'부부가 말다툼을 한 후에는 서로 자존심을 버리고 쿨하게 화해하세요.'

부부의 소통

행복한 삶을 위해서는 자신의 감정을 온전하게 느끼고 표현할 수 있어야 합니다. 특히 슬픔, 분노, 창피함과 같은 자신의 부정적 느낌까지도 억누르지 않고 개방할 수 있어야 합니다. 부부의 소통은 단순히 일상적인 이야기를 나누는 것만으로도 충분하지 않습니다. 부부는 일상의 이야기뿐만 아니라 그에 따른 느낌까지 함께 나눌 때 친밀감을 느끼게 됩니다. 긍정적 느낌뿐만 아니라 부정적 느낌까지도 스스럼없이 나눌 수 있는 사이가 부부입니다.

인간에게서 가장 중요한 능력은 자기표현이다.

_피터 드러커

나의 어떤 감정을 배우자에게 개방하기 어렵습니까?
이에 대한 나의 느낌은? _____

'배우자에게 자신의 부정적인 감정을 표현하는 것을 두려워하지 마세요.'

30일

때론 함께, 때론 남처럼

노후에 가장 이상적인 부부 관계는 친구 같은 동반자 관계입니다. 부부가 친구나 연인처럼 때론 함께 하기도 하지만, 때론 남처럼 서로 간의 독립된 삶을 존중하며 자유롭게 살아갑니다. 이렇게 살기 위해서는 집안일도 새롭게 역할을 분담하고, 같이 즐길 수 있는 취미나 여가 생활을 개발하여 공유하면 좋습니다. 또한 반드시 둘이 함께 해야 하고, 내 의견대로 상대가 따라 주어야 한다는 생각마저도 버려야 합니다. 사랑은 서로의 온기를 느끼는 적당한 간격이 있을 때 잘 자랍니다.

사람이 뭔가를 추구하고 있는 한 절대로 노인이 아니다.
_진 로스탠드

노후에 우리 부부 관계가 어떻게 변화되기를 기대합니까?
이에 대한 나의 느낌은? _____

'친구 같은 부부가 되기 위해서는 먼저 대화를 잘하는 부부가 되세요.'

7월
JULY

7월

JULY

입술의 30초가 가슴의 30년

　부부이기에 할 수 있는 말도 있으나 부부이기에 할 수 없는 말도 있습니다. 이렇게 부부는 가장 가까운 것 같으면서도 조심스러운 대상입니다. 내가 하고 싶은 대로 쏟아내는 말은 상대방에게 깊은 상처를 줄 수 있습니다. 화가 났을 때 배우자에게 하는 말은 한 번 더 다듬어서 부드럽게 말해야 합니다. 말로 준 상처는 평생을 갑니다. 입술의 30초가 가슴의 30년이 됩니다.

자신의 말을 자신이 건너는 다리라고 생각하라. 튼튼한 다리가 아니면 당신은 건너지 않을 것이다.
_탈무드

배우자가 하는 말 중에서 내가 자주 상처받는 말은 무엇입니까? 이에 대한 나의 느낌은? _____

'화가 나 있을 때는 상대방에게 상처를 줄 수 있으니 입을 조개처럼 꼭 다무세요.'

아내가 가장 아름다울 때

남편에게 존경과 인정이 중요하듯이, 아내에게는 사랑과 관심이 필요합니다. 아내는 남편에게 사랑받는다고 느낄 때, 남편이 자신의 작은 말에 관심을 기울여 줄 때 더욱더 반짝반짝 빛나게 됩니다. 아내를 진흙 속에 진주로 그냥 두느냐, 진흙 속에서 꺼내 예쁜 진주로 만드느냐는 남편의 사랑과 관심에 달려 있습니다. 아내는 남편의 사랑을 받을 때가 가장 아름답습니다.

사랑받는 여자보다 예쁜 여자는 없고, 사랑하는 남자보다 행복한 남자는 없다.
_화자 미상

> 배우자에게 존경과 인정 또는 사랑과 관심을 받았을 때는 언제입니까?
> 이때 나의 느낌은? _____

'아내를 아름답게 만드는 일은 남편의 몫입니다. 아내에게 관심과 사랑을 듬뿍 쏟아 주세요.'

대화의 기술

매일 밤늦게 들어오는 배우자에게 "당신은 매일 늦네요." 같은 두루뭉술한 표현보다는, "지난 주, 10시 전에 집에 온 적은 한 번도 없어요."라고 구체적인 사실을 말하면 상대방의 거부감은 줄어듭니다.

자신을 투명인간 취급하는 배우자에게 "당신은 내가 안 보여요."라고 비난하는 대신, "내가 아무것도 아닌 존재처럼 느껴져서 슬퍼요."라고 자신의 속마음을 표현해 주면 대화가 수용적으로 흐릅니다. 대화의 기술은 어떤 상황이든지 자신의 의사를 적절하게 표현하는 능력입니다.

진정한 대화의 기술은 적절한 곳에서 적절한 것을 말하는 것이다. 그러나 더 어려운 것은 말하고 싶은 유혹을 느낄 때 적절치 않은 말은 하지 않고 남겨 두는 것이다.

_도로시 네빌

> 대화를 잘하기 위해 어떤 점을 개선하고 싶습니까?
> 이에 대한 나의 느낌은? _____

'배우자와 대화할 때 구체적인 사실에 입각해 말하고 아울러 자신의 느낌도 함께 표현해 주세요.'

4일

배우자를 인정하는 방법

사람들은 인정받기를 원하고 거부당하는 것을 두려워합니다. 부부 관계에서 갈등을 일으키는 문제의 대부분은 상대방에게 무시당하고, 거부당했다는 생각에서 발생합니다. 배우자를 인정하기 어려운 이유는 자신을 낮추고 상대방을 높여 주는 겸손이 필요하기 때문입니다.

인정은 상대방을 사랑하는 한 가지 방식입니다. 내 방식이 아니라 상대방이 인정받는다고 충분히 느낄 수 있게 칭찬, 격려, 지지, 존중, 위로 등 구체적인 말과 행동으로 나타내야 합니다. 자신의 가치를 인정받고 싶은 열망은 인간의 정서적 본능입니다.

이기주의란 내가 원하는 대로 사는 것이 아니라, 타인에게 내가 원하는 방식을 살라고 요구하는 것이다.
_오스카 와일드

배우자를 인정하기 위해서 내가 고쳐야 할 점은 무엇입니까?
이에 대한 나의 느낌은? _____

'배우자에게는 내 방식이 아니라 상대방이 원하는 방식대로 따라 주세요.'

여자는 공감, 남자는 칭찬

여자들은 자신의 말이나 행동에 대해 따지는 것을 싫어합니다. 여자들은 자기 남자가 전폭적으로 이해하고 지지해 줄 때 진정 사랑받고 있음을 느낍니다. 같은 편으로 느끼는 동질감이 여자가 느끼는 공감입니다. 공감은 여자와 소통하는 키워드입니다.

남자들은 자신의 여자에게 가장 멋진 기사로 인정받고 싶은 열망을 갖고 있습니다. 여자의 칭찬은 이러한 남자의 욕망에 불을 지르는 도화선입니다. 자기 여자에게 칭찬을 받는 남자는 자신의 잠재력을 발휘합니다. 칭찬은 남자를 성장시키는 키워드입니다.

남녀가 서로의 차이를 인정하고 존중해 줄 때 비로소 사랑은 꽃을 피울 기회를 얻게 된다.
_존 그레이

배우자에게 진심으로 바라거나 또는 원하는 것은 무엇입니까?
이에 대한 나의 느낌은? _____

'남편은 아내를 전폭적으로 지지해 주고, 아내는 남편을 자주 칭찬해 주세요.'

6일

서로를 이해하기 위해서는

부부가 서로를 이해하기 위해서는 상대방의 성장과정을 자세히 알아야 합니다. 배우자가 자신을 이해하기 위해 노력한다는 것을 느끼는 순간 상대방을 향해 마음을 열게 됩니다. 감정이 깃들어 있는 내면의 비밀을 나누기 위해서는 깊이 사랑받는다고 느껴야 하기 때문입니다.

배우자의 관심사도 성장과정을 알게 되면 왜 그것이 상대방의 흥미를 끄는지 이해할 수 있습니다. 배우자를 이해하는 데 실패한 것은 자신을 이해하는 데 실패한 것과 같습니다. 배우자를 이해한 만큼 자신도 알게 됩니다.

내가 이해하는 모든 것은 사랑하기 때문에 이해한다.

_레프 톨스토이

배우자의 성장과정에 대해 알고 싶은 점은 무엇입니까?
이에 대한 나의 느낌은? _____

'시간이 나는 대로 서로의 성장과정에 대해 진솔하게 대화를 해 보세요.'

행복해지려면

자신이 불행하다고 여기는 사람은 결혼을 한다고 해서 결코 행복해지지 않습니다. 행복을 결정하는 요소는 타고난 유전적인 성향이 50%, 행복해지려는 자신의 노력과 의지가 40%, 환경적인 조건이 10%라는 연구 결과가 있습니다. 재력, 능력, 미모를 갖춘 배우자를 만나 결혼한다고 해도 10%밖에 더 행복해지지 않습니다. 결혼생활의 행복은 지금 행복해지려는 자신의 노력과 의지에 달려 있습니다. 행복은 자신이 행복해지려고 마음먹은 만큼만 찾아옵니다.

인간은 누구나 지금 이 순간부터 행복해질 수 있다.
_알프레드 아들러

결혼생활의 행복을 결정하는 가장 중요한 요인은 무엇이라고 생각합니까?
이에 대한 나의 느낌은? _____

'나는 지금 행복하다고 자신에게 큰소리로 세 번 다짐해 보세요.'

사과는 즉시 해야

아무리 하찮은 일이라도 배우자의 마음을 불편하게 했다면 내가 먼저 사과해야 합니다. 배우자가 내게 받은 아픔이 오래가면 미움이나 원망으로 변할 수 있습니다. 먼저 사과한다고 해서 항상 나의 잘못을 시인하는 것만은 아닙니다. 누구의 잘못을 따지기보다는 우리의 관계가 더 소중하기 때문입니다. 사과는 잘못한 사람이 아니라 용기 있는 사람이 합니다.

어떤 가족에게도 가장 중요한 이 말들을 잊지 말라. "사랑해. 당신은 아름다워. 용서해 줘."
_H. 잭슨 브라운 주니어

배우자에게 먼저 사과하려고 할 때 마음에 장애가 되는 점은 무엇입니까?
이때 나의 느낌은? _____

'배우자에게 잘못한 일이 있다면 즉시 사과하세요.'

화내기 전에 세 번만 심호흡하자

어떤 차가 내 차 앞에 끼어들어도 3초 동안만 화를 내지 말고 생각해 봅시다. 그 사람은 아내가 위급하다는 소식을 듣고 바삐 병원에 가는 상황일지 모른다고 이해하면서 말입니다.

배우자가 잘못을 했더라도 세 번 심호흡한 후에 먼저 무슨 사정이 있는지 들어보아야 합니다. 배우자에게 화를 내기 전에 왜 화를 내는 지 자신의 마음부터 살펴야 후회하지 않습니다. 나도 실수할 때가 있 는 것처럼 배우자도 실수할 수 있습니다.

화가 날 때는 말을 하라. 당신은 두고두고 후회할 최고의 연설을 하게 될 것이다.
_로렌스 피터

배우자의 어떤 점이 나를 화나게 합니까?
이에 대한 나의 느낌은? _____

'배우자에게 화가 날 때는 무조건 세 번 심호흡을 하세요.'

성관계하기 전에 대화가 필요한 이유

부부 두 사람은 체질적, 신체적, 심리적인 차이로 인해 성적 욕구가 다를 수밖에 없습니다. 그래서 서로의 욕구가 어느 정도인지 터놓고 대화를 한다면 원하는 정도가 달라도 별 문제는 없습니다. 하지만 이러한 대화조차 없이 성관계를 시도하다 거절당한 쪽은 자존심이 상해 결국 시도 자체를 안 하게 됩니다. 이러한 성적 갈등은 성관계 기피로 이어집니다. 부부가 성을 나누기 전에 대화가 필요한 이유는 이 때문입니다. 사랑은 존중입니다.

섹스는 대화보다 낫다. 대화는 섹스를 하기 위해 참아내야 하는 고통이다.
_우디 앨런

배우자에게 성관계를 거절당했다고 생각될 때는 어떤 생각이 듭니까?
이때 나의 느낌은? _____

'부부는 서로의 성욕에 대해 터놓고 얘기를 해서 성관계할지 여부를 결정하세요.'

남편의 자존심을 키우는 영양소

아내가 남편의 능력을 얕본다거나, 다른 남편과 비교하거나, 남편을 무시하는 태도는 남편의 자존심에 깊은 상처를 줍니다. 아내에게 멋진 모습, 잘난 모습만 보여 주고 싶은 속마음이 남편의 자존심입니다. 남편의 자존심은 아내에게 애정을 쏟고 가족을 돌보는 힘의 원천입니다. 아내의 존경, 믿음, 신뢰, 감사, 인정, 칭찬이 남편의 자존심을 키우는 영양소입니다.

자존심이야말로 의식주보다 고귀한 것이다.
_토머스 제퍼슨

배우자의 어떤 말이나 행동이 내 자존심에 상처를 줍니까?
이에 대한 나의 느낌은? _____

'오늘 배우자의 자존심을 살려 주기 위한 한 가지를 실행에 옮기세요.'

산다는 것은 변화하는 것

우리가 바라고 필요로 하는 것들은 언제나 변화하고 있습니다. 환경도 변하고, 사람도 변하고, 사랑도 변합니다. 부부는 결혼생활의 각 단계마다 새롭게 주어지는 역할에 맞게 변화하고 성장해야만 행복한 결혼생활을 유지할 수 있습니다. 산다는 것은 변화하는 것이고, 완벽해진다는 것은 자주 변화하는 것입니다,

행복이나 지혜를 얻기 원하는 사람은 계속 변화해야 한다.
_올리버 골드스미드

자녀들이 성장함에 따라 우리의 부부 관계도 어떻게 변화하고 있습니까?
이에 대한 나의 느낌은? _____

'나쁜 습관 중에 가장 쉬운 것부터 고칠 것을 결심하고 지금 행동으로 옮기세요.'

원상처 치유하기

누구에게나 임신이나 육아, 질병, 실직, 사업실패 같이 심리적으로 취약한 시기가 있습니다. 이때 상대 배우자로부터 적절한 위로나 지지를 받지 못해서 생긴 깊은 상처를 '원상처'라고 합니다. 배우자가 과거의 일을 가지고 예민하게 반응하거나, 원망하는 말을 반복해서 한다면 아직 원상처가 치유되지 않고 남아 있기 때문입니다. 이럴 때는 상대방에게 위로의 말을 건네거나, 자신의 잘못을 진심으로 사과함으로써 배우자의 원상처를 치유해 줄 수 있습니다.

가장 배우기 어려운 교훈은 우리에게 상처를 안겨준 사람들을 용서하는 것이다.
_조셉 자콥스

> 배우자에게 받은 원상처들 중에 남아 있는 원상처는 무엇입니까?
> 이에 대한 나의 느낌은? _____

'배우자가 과거 일을 가지고 원망하는 말을 자주 할 때는 상대방을 잘 들어주고 진심으로 위로해 주세요.'

14일

7월

함께 있어도 외로울 때

가끔은 배우자와 함께 있어도 마음이 단절된 것 같은 외로움을 느낄 때가 있습니다. 배우자가 내 편이 아니라고 생각되거나, 자신을 더 이상 사랑하지 않는다고 느껴질 때입니다. 외로움은 배우자와 정서적으로 멀어져 소속감을 느끼지 못하고 있다는 신호입니다.

이럴 때는 내가 먼저 배우자를 사랑하기로 결심하고 다가서야 합니다. 배우자에게 다가설 때는 자존심으로 가린 가면을 벗고 자신의 연약한 모습을 있는 그대로 보여 줘야 합니다. 외로움에서 벗어나는 길은 사랑하는 것 이외 다른 방법이 없습니다.

가장 끔찍한 빈곤은 외로움과 사랑 받지 못한다는 느낌이다.
_마더 테레사

배우자와 함께 있어도 외로움을 느낄 때는 언제입니까?
이때 나의 느낌은? _____

'외로움을 느낄 때는 결혼 앨범의 사진을 보면서 배우자와 즐거웠을 때를 회상해 보세요.'

15일

결혼의 뒷문을 닫자

배우자에 대해 확신이 없는 사람들은 결혼생활에 대한 무관심과 회의懷疑, 배우자에 대한 끊임없는 불평과 불만을 쏟는 데 에너지를 소진합니다. 결혼의 뒷문으로 도피하려는 행위로는 결코 근본적인 문제를 해결할 수 없습니다. 스스로 도망칠 뒷문을 닫으세요. 모든 탈출구가 막혔을 때 비로소 달아나려고 했던 몸을 돌려 배우자와 마주서게 됩니다. 그럴 때 배우자를 있는 그대로 보게 되고 진정한 부부의 만남이 이루어지게 됩니다.

사람은 누구나 행복하기를 간절히 바라는데, 그러기 위해서는 온갖 노력을 기울여야 한다. 행복이 찾아오기만 기다려 문만 열어 둔 채 방관만 하고 있다면 들어오는 것은 슬픔뿐이다.

_알랑 드 보통

결혼 후 내가 배우자에게서 달아나려고 했던 결혼의 뒷문은 무엇입니까?
이에 대한 나의 느낌은? _____

'부부 관계가 힘들면, 찾게 되는 결혼의 뒷문을 닫고 배우자와 직면하세요.'

16일

모든 예절은 부부로부터 시작

아무리 허물없는 부부 사이라도 예절을 지키지 않으면 마음이 멀어집니다. 상대방도 내 마음과 같겠거니 하고 절차나 설명을 무시한 채 불쑥 던지는 무례한 말과 행동에 배우자는 상처를 받습니다.

모든 예절은 부부로부터 시작됩니다. 배우자의 표정에서 사소한 차이라도 발견되면 민감하게 반응하여 관심을 표현하는 것도 부부의 예절입니다. 부부간에 예절은 '다름'이 '다툼'으로 번지지 않도록 윤활유 역할을 해 줍니다.

행복한 결혼의 비결은 간단하다. 그것은 가장 절친한 친구들을 대할 때처럼 서로 예절을 지키는 것이다.
_로버트 킬렌

> 우리 부부가 우선적으로 함께 실천해야 할 예절은 무엇입니까?
> 이에 대한 나의 느낌은? _____

'부부가 서로에게 반말보다는 가급적 존댓말을 쓰도록 노력해 보세요.'

내 생각도 틀릴 수 있다

내 생각이 언제나 옳다고 주장한다면, 내가 그런 것처럼 배우자도 그렇게 주장할 것입니다. 이런 서로의 착각으로 인해 나와 다른 생각을 가진 배우자와 늘 다툴 수밖에 없습니다. 나만이 옳다는 생각이 듣는 귀를 막습니다. 내 생각도 때로는 틀릴 수 있습니다. 이렇게 가정을 해야 배우자의 말에 귀를 기울이게 됩니다. 나도 틀릴 수 있다고 인정해야 진정한 대화가 시작됩니다.

나도 틀릴 수 있다. 내가 진리라며 살지 않았는지!
_존 스타인벡

> 나도 틀릴 수 있다는 생각을 언제부터 했습니까?
> 이때 나의 느낌은? _____

'내가 항상 옳다는 생각을 버리고 배우자의 말에도 귀 기울여 들어주세요.'

느낌은 필요성을 알려 주는 신호

느낌은 자동차의 계기판처럼 정서적 필요성(욕구)의 충족 여부를 알려 주는 신호입니다. 정서적 필요성이 충족되었을 때는 기쁨, 즐거움 같은 긍정적인 느낌이 들지만, 필요성이 충족되지 않았을 때는 분노, 두려움, 슬픔 같은 부정적인 느낌이 듭니다. 특히 부정적인 느낌이 들 때는 내 안에 욕구가 무엇인지 알아내어 채워 주어야 그러한 느낌을 해소할 수 있습니다.

안 좋은 것은 누구나 가질 수 있지만 좋은 느낌은 누구나 가질 수 없기 때문에 비밀의 문안에 두었다.
_정용철, 시 〈가슴에 남는 좋은 느낌 하나〉 중에서

부정적인 느낌이 들면 그 필요성을 어떻게 충족시키려고 합니까?
이에 대한 나의 느낌은? _____

'자신의 내면에서 일어나는 느낌을 알아차리고 그 느낌을 표현하는 연습을 꾸준히 해 보세요.'

말에는 생명력이 있다

말에는 생명력이 있습니다. 또한 말은 상대방의 생각과 감정을 바꾸게 하는 힘이 있습니다. 때문에 말은 자신뿐 아니라 상대방의 무의식에 영향을 주게 되어 정체성을 변하게 합니다. 배우자를 인정하고 칭찬하며 격려하는 당신의 말들이 배우자에게 생명을 주고 긍정적인 자아상을 갖게 만듭니다. 당신의 말이 배우자의 운명을 변화시킵니다. 누구보다도 배우자에게 말을 할 때는 더욱 신중히 해야 합니다. 말은 곧 생명입니다.

생각은 말을 바꾸고, 말은 행동을 바꾸고, 행동은 습관을 바꾸고, 습관은 인생을 바꾼다.
_마하트마 간디

내게 긍정적인 자아상을 갖게 하는 배우자의 말은 무엇입니까?
이에 대한 나의 느낌은? _____

'배우자에게는 항상 긍정적인 말과 활력을 주는 말만 해 주세요.'

인정을 바라는 남편, 안정을 원하는 아내

아내들이 솟아오르는 전세금과 자녀들의 진로를 걱정할 때, 남편들은 친구들과 군대 이야기를 합니다. 남편에겐 '한 일'이 중요하고, 아내에겐 '할 일'이 중요합니다. 남편들은 자기가 한 일을 인정받아야 자신감을 갖습니다. 반면 아내들은 앞으로 할 일이 줄어들어야 안정감을 느낍니다. 남편의 '인정'과 아내의 '안정'은 그들이 원하는 전부는 아니지만 서로가 상대방이 필요로 하는 것을 채워 줄 때 더욱 친밀해질 수 있습니다.

진심으로 좋아하라. 누구나 자기를 좋아하는 사람을 좋아한다.
_푸블리우스 시루스

배우자와 친밀해지기 위해 상대방에게 바라는 것은 무엇입니까?
이에 대한 나의 느낌은? _____

'배우자가 내게 내심 바라는 것이 무엇인지 대화를 통해 확인해 보세요.'

충고나 비판을 하고 싶은 충동을 자제해야

친구와 대화가 편한 이유는 서로의 이야기를 비판하지 않고 공감하면서 들어주기 때문입니다. 부부도 대화 중에는 상대방에게 충고나 비판하고 싶은 충동을 자제해야 합니다. 충고와 비판은 상대방의 마음속에 나와 선을 긋게 만들어 편하게 대화할 수 없게 합니다. 배우자가 충고나 비판하지 않고 내 이야기를 들어준다는 믿음이 부부 대화를 편하게 이어가게 합니다.

자신을 아는 일이 가장 어렵고 다른 사람에게 충고하는 일이 가장 쉽다.
_탈레스

배우자에게 충고나 비판하게 될 때는 언제입니까?
이때 나의 느낌은? _____

'배우자와 편안한 관계를 유지하고 싶다면 충고나 비판하려는 충동을 자제하세요.'

22일

부부싸움의 시작과 원인

부부싸움의 원인 제공은 대부분 남편들이 하지만, 시작은 아내 쪽에서 합니다. 아내가 비난하는 말로 첫마디를 시작하면, 이에 흥분한 남편들이 아내의 부정적인 감정을 자극하여 부부싸움으로 번지게 됩니다.

따라서 아내는 자신의 요구나 불만을 좀 더 부드럽게 표현해야 하고, 남편은 아내의 요구에 민감하게 반응하는 모습을 보여 줘야 합니다. 부부싸움을 피하려면, 아내들이 목소리를 낮추어 먼저 부드럽게 시작해야 대화는 수용 내지 타협하는 방향으로 진행될 가능성이 높습니다.

결혼 전에는 두 눈을 크게 뜨고 보고, 결혼 후에는 한 쪽 눈을 감아라.
_토마스 풀러

부부싸움을 일으키는 나의 말이나 태도에는 어떤 것이 있습니까? 이에 대한 나의 느낌은? _____

'말다툼이 부부싸움으로 번지는 것을 막기 위해 내 쪽에서 먼저 해야 할 일이 무엇인지 적어 보세요.'

23일

경청은 마음을 얻는 지혜

상대방의 말을 의식적으로 경청하지 않으면 상대의 말 중에서 자신이 듣고 싶어 하는 말만 골라 듣게 됩니다. 경청은 상대방이 말하려는 의도뿐만 아니라 표현하지 않은 속마음까지 잘 듣는 방법입니다. 배우자와 진정한 소통은 경청에서부터 시작됩니다. 배우자의 말을 경청하는 태도는 상대방을 있는 그대로 받아들이고 이해하려는 최고의 존중입니다. 경청은 상대방의 마음을 얻는 지혜입니다.

남의 말을 경청하는 사람은 어디서나 사랑받을 뿐 아니라 시간이 흐르면 지식을 얻게 된다.
_윌슨 미즈너

배우자의 말을 경청하는데 장애가 되는 것은 무엇입니까?
이에 대한 나의 느낌은? _____

'경청은 배우자에게 주는 최고의 선물임을 기억하세요.'

24일

부모의 결혼생활이 자녀의 롤 모델

부모의 결혼생활은 자녀에게 롤 모델rolemodel이 됩니다. 자녀는 부모의 결혼생활을 관찰함으로써 가정에서 남녀 역할과 부부 관계 등을 배우게 됩니다. 또한 부모의 결혼생활을 보면서 형성된 결혼관, 성역할, 의사소통 방법 등을 바탕으로 자신의 결혼생활을 해석하고 방향을 설정합니다.

그래서 부모의 행복한 결혼생활을 보고자란 자녀 역시 그럴 가능성이 높습니다. 자녀가 행복한 결혼생활하기를 원한다면, 먼저 자신의 결혼생활부터 자녀에게 롤 모델이 되도록 힘써야 합니다.

부모와 자식을 이어 주는 것은 혈육이 아니라 애정이다.
_프리드리히 실러

내 부모의 결혼생활이 현재 나의 결혼생활에 어떤 영향을 미치고 있습니까?
이에 대한 나의 느낌은? _____

'부모로서 자녀의 롤 모델이 되고 있는지 반성해 보세요.'

25일

바라는 배우자에서 돕는 배우자로

부부는 배우자에게 바라는 점이 있는 한 결코 친밀해질 수 없습니다. 그러나 많은 부부들이 배우자에게 끝없이 바라고 불평하고 요구합니다. '바라는 배우자'는 상대방의 실수나 약점이 들어날 때, 그것 때문에 자신이 불편하다고 화내고 비난합니다.

그러나 '돕는 배우자'는 상대방의 실수나 약점이 드러날 때, "그러니까 당신에게 내가 필요하지."라면서 도와줍니다. '돕는 배우자'는 배우자의 실수나 약점이 드러나면 허물을 덮어 주고 부족한 점은 말없이 채워 줍니다. '바라는 배우자'가 되지 말고, '돕는 배우자'가 되세요.

되돌아보면 제대로 살았다고 생각되는 순간은 사랑하는 마음으로 살았던 순간뿐이다.
_헨리 드루먼드

'돕는 배우자'가 되기 위해서는 어떤 점을 고쳐야 할까요?
이에 대한 나의 느낌은? _____

'바라는 배우자가 아니라 돕는 배우자가 되도록 노력하세요.'

결혼하면 호칭이 세 번 바뀐다

결혼하면 남자와 여자는 호칭이 세 번 바뀝니다. 여자는 결혼 전에 여자로 살다가 결혼하면 아내로 살고, 아이를 낳으면 엄마가 되어 호칭은 물론 내면까지 바뀌는 삶을 삽니다.

그런데 남자는 결혼 전에도 남자이고, 결혼해서도 남자이고, 아이가 태어나도 남자로 삽니다. 그래서 남자는 나이가 들어서도 철없는 어린 아이와 같은 면이 있습니다. 남편은 아내인 엄마와 살면서 혼날까 봐 눈치를 봅니다. 남자는 영원한 철부지입니다.

남편 속에는 한 사람의 사나이가 있을 뿐이다. 아내 속에는 한 사람의 남자, 한 사람의 아버지, 한 사람의 어머니가 있으며 다시 한 사람의 여인이 있다.
_오노레 드 발자크

결혼 전과 후를 비교했을 때, 나의 내면은 어떻게 변화했습니까? 이에 대한 나의 느낌은? _____

'결혼생활에서 스스로 변화되지 않으면 변화를 강요받게 된다는 점을 명심하세요.'

이상적인 부부

남성의 호르몬은 '테스토스테론'입니다. 이 호르몬은 성취하거나 인정받을 때 수치가 올라갑니다. 여성의 호르몬은 '옥시토신'입니다. 이 호르몬은 사랑과 애착의 감정을 만들고 남을 돌보거나 배려할 때 수치가 올라갑니다. 남자가 성취 지향적이고, 여자가 관계 지향적인 이유는 호르몬의 작용 때문입니다. 이상적인 부부는 남편의 남성성과 아내의 여성성이 서로 조화를 이루는 부부입니다.

사랑은 행복 호르몬을 3년간 무상으로 제공해 주지만 달콤한 밀월 기간이 끝나고 나면 스스로 노력해서 얻어야 한다.
_존 그레이

내가 생각하는 가장 이상적인 부부는 어떤 부부입니까?
이에 대한 나의 느낌은? _____

'남자다운 남편과 여성스러운 아내의 조합이 가장 이상적인 부부임을 기억하세요.'

28일

서로를 용서하자

오랫동안 행복하게 살아온 부부라고 해서 그들의 결혼생활이 모두 완벽한 것만은 아닙니다. 어느 부부든지 서로에게 저지른 실수와 상처를 준 목록은 끝이 없습니다. 지난 과오를 끄집어 내 매번 비난하고 있는 사람은 예전에 당신이 사랑했던 바로 그 사람입니다. 원하는 것이 있다면 배우자의 손이 아니라 바로 내 손으로 하면 됩니다. 과거의 섭섭함이나 고통에서 벗어나기 위해 서로를 용서하고 다시 시작하면 어떨까요?

용서는 어떤 관계에서도 사랑의 최고 형태다. 미안하다고 말하는 사람은 강한 사람이며, 용서하는 사람은 더욱더 강한 사람이다.
_욜란다 하디드

배우자의 지난 과오를 용서하기 위해 내가 새롭게 결심한 것은 무엇입니까?
이에 대한 나의 느낌은? _____

'상대방을 용서하지 않으면 사랑할 수 없습니다. 배우자의 잘못에 대해 일곱 번이 아니라 일흔 번이라도 용서해 주세요.'

친구 같은 부부

부부가 서로를 존중하고 사소한 것도 모두 함께할 수 있을 때 친구 같은 부부라고 말할 수 있습니다. 부부가 친구처럼 항상 붙어 다니다 보면 생각도 같아지고, 느낌도 비슷해져 서로 닮아 갑니다. 배우자를 친구로 만드는 유일한 방법은 내가 배우자의 친구가 되기 위해 노력하는 것뿐입니다. 이 세상에서 배우자보다 더 소중한 평생 친구는 없습니다.

아내이자 친구인 사람이 참된 아내다.

_윌리엄 펜

우리 부부가 언제 친구 같다고 생각됩니까?

이때 나의 느낌은? _____

'언제나 배우자의 친한 친구가 되기 위해 노력하세요.'

내가 하고 싶은 말, 상대방이 듣고 싶은 말

내가 이야기를 하면 상대방이 다 알아들었을 것이라고 생각하는 것은 착각입니다. 중요한 점은 상대방이 받아들인 내용이 무엇인가입니다. 대화는 '내가 무슨 이야기를 했느냐'보다는 '상대방이 어떻게 들었느냐'에 초점을 두어야 합니다. 다시 말하면 '내가 하고 싶은 말'보다 더 중요한 것은 '상대방이 듣고 싶어 하는 말'입니다. 부부 대화도 항상 나보다는 배우자에게 초점이 맞춰져야 합니다.

내 귀가 나를 가르쳤다.
_징기스칸

나는 배우자가 하는 말 중에서 주로 어떤 말을 듣지 않으려고 합니까?
이에 대한 나의 느낌은? _____

'배우자와 대화를 한 후에는 내 말이 상대방에게 잘 전달됐는지 확인하세요.'

31일

그럼에도 불구하고

당신이 배우자를 위해 최선을 다하고 있는데도 배우자는 당신의 마음을 몰라줍니다. 그럼에도 최선을 다해야 합니다. 당신이 변하려고 노력하고 있는데도 배우자는 끊임없이 잔소리를 해댑니다. 그럼에도 노력해야 합니다. 당신이 배우자에게 부정적 감정을 억누르고 대화를 하는데도 배우자는 당신의 말을 듣지 않습니다. 그럼에도 대화해야 합니다. 왜냐하면 부부이기 때문입니다. 사랑은 순간적인 감정이 아니라 사랑하려는 의지이자 결심입니다.

나는 내가 아픔을 느낄 만큼 사랑하면 아픔은 사라지고 더 큰 사랑만이 생겨난다는 역설을 발견했다.
_마더 테레사

> 최근 배우자에 대한 부정적인 감정을 이기고 사랑했을 때는 언제입니까?
> 이때 나의 느낌은? _____

'배우자가 미워지면 무조건 사랑하기로 결심하세요. 사랑은 감정이 아니라 의지이니까요.'

사랑받는 아내가 되기 위한 조언 18가지

1. 남편의 자존심을 세워 주세요.
2. 남편에게 성적 만족감을 채워 주세요.
3. 남의 남편과 비교하지 마세요.
4. 남편의 식성을 유의해서 식단을 준비하세요.
5. 혼자만 말하지 마세요.
6. 친절하고 상냥한 말씨를 쓰세요.

7. 남들 앞에서 남편의 결점을 지적하지 마세요.
8. 남편의 호의와 배려에 감사를 표현하세요.
9. 말다툼할 때는 목소리를 낮추세요.
10. 남편이 퇴근하고 오면 휴식시간을 주세요.
11. 중요한 집안일의 결정은 남편의 뜻에 따르세요.
12. 수입에 맞춰 집안 살림을 알뜰히 꾸려 가세요.

13. 남편의 여가 상대가 되어 주세요.
14. 큰 잘못이 아니면 못 본 척 눈감아 주세요.
15. 하루에 한 번씩 남편을 칭찬해 주세요.
16. 친정보다 시댁을 돕는 일에 최선을 다하세요.
17. 남편이 부족하더라도 존경하도록 노력하세요.
18. 남편의 성공을 위해 도와주세요.

8월
AUGUST

8월
AUGUST

1일

부부로 산다는 것

평생 함께할 수 있다는 것만으로도 매일매일이 축복이어야 할 결혼생활. 하지만 둘이 하나가 되는 데는 고통과 인내로 담금질하는 시간이 필요합니다. 서로가 부딪치고 찔리는 고통을 참지 못해 상대방을 거부하고 밀치면서 사랑을 배웁니다. 그러다 너와 내가 다름을 깨닫고, 서로를 인정하고 받아들이는 순간부터 부부로서 진정한 만남이 시작됩니다. 평생 부부로 산다는 것은 서로 다른 강렬한 빨간색과 파란색이 만나 보라색이 되는 긴 과정과 같습니다.

사슬로 결혼생활을 묶어 놓을 수 없다. 두 사람을 하나로 묶어주는 것은 수년의 세월을 거쳐 꿰매지고, 꿰매지는 수백 개의 자그만 실들이다.
_시몬느 시노레

'부부로 함께 산다는 것'은 내게 어떤 의미가 있습니까?
이에 대한 나의 느낌은? _____

'오늘은 그동안 함께 살아 준 배우자에게 감사의 마음으로 작은 선물을 해 주세요.'

배우자의 다른 점은 장점이자 매력

부부간에 갈등은 내가 옳고 상대가 틀렸다고 생각하기 때문입니다. 그러나 상대방이 '틀렸다'라고 생각하기보다 '다르다'라고 인식을 전환하면 상대방을 바라보는데 여유가 생깁니다. 사실 아내도 옳고, 남편도 옳습니다. 단지 서로 다른 관점에서 보기 때문에 다르게 보일 뿐입니다. 행복한 부부는 싸우지 않는 부부가 아니라 서로에게 맞춰가려고 노력하는 부부입니다. 배우자가 가진 나와 다른 점은 서로의 장점이자 매력입니다.

결국 사소한 것이 커다란 차이를 만들어 낸다.
_디오도어 루빈

배우자와 다른 점을 어떻게 받아들이려고 노력하고 있습니까?
이에 대한 나의 느낌은? _____

'배우자의 장점 10가지를 종이에 적어 보세요.'

여자에게 대화는 사랑의 표현

남자는 대화를 어떤 목적을 위한 수단으로만 생각합니다. 그래서 남편은 아내에게 쓸 만한 정보가 없다고 생각되면 그녀의 말을 귀 기울여 잘 듣지 않습니다. 아내는 별 내용이 없는 말이라도 남편과 함께 나눈다는 자체가 중요합니다. 아내는 남편과 대화가 없으면 친밀감이 줄고 유대감이 사라져 사랑을 느끼지 못하기 때문입니다. 남편에게 성관계가 중요한 것처럼 아내에게는 대화가 소중합니다. 여자에게 대화는 사랑의 표현입니다.

금속은 소리로 그 재질을 알 수 있지만, 사랑은 대화를 통해서 서로의 존재를 확인해야 한다.
_발타사르 그라시안

배우자와 대화하면서 무엇을 기대합니까?
이에 대한 나의 느낌은? _____

'배우자에게 대화할 때는 "내가 당신에게 하고 싶은 말은~~"으로 시작해 보세요.'

4일

실내 온도

여자는 근육량이 적고 열을 잘 배출하여 더위를 잘 견딥니다. 남자는 근육량이 많고 열의 배출이 적어 더위를 잘 탑니다. 여자들이 쾌적하게 느끼는 온도는 남자보다 2~3도가 높습니다. 그래서 아내는 실내온도를 높이려 하고, 남편은 낮추려고 하는 실랑이가 벌어집니다. 여름철 에어컨의 설정온도를 남편의 기준에 맞추면 아내는 추위를 느낍니다. 여름철 집 안의 실내 온도는 아내가 기준입니다. 남편의 조그만 배려가 아내에게는 사랑받는다는 느낌을 갖게 합니다.

아내를 존중하고 배려해 줄 때 아내는 아름다운 꽃이 된다.
_화자 미상

배우자를 배려하기 위해 특별히 노력하고 있는 점은 무엇입니까? 이에 대한 나의 느낌은? _____

'여름철에는 에어컨의 리모컨을 아내에게 맡기세요.'

사과하지 않는 남자, 잊어버리지 않는 여자

남자는 자존심을 먹고사는 존재입니다. 그래서 남자들은 잘못을 해도 여간해서는 상대방에게 사과하지 않습니다. 자존심을 굽혀 사과하는 것은 곧 지는 것이라 생각하기 때문입니다. 남자가 잘못을 사과하지 않는 만큼 여자는 상대방이 준 상처를 좀처럼 잊어버리지 않습니다. 남이 자기한테 상처를 준 것을 계속 마음에 담아 둡니다. 여자는 가슴속의 응어리가 풀리지 않는 한 결코 잊어버리지 않습니다. 남자는 피곤해서 먼저 사과하지만 여자는 잊기 위해서 먼저 사과합니다.

사과는 가장 달콤한 복수.
_아이작 프리드만

배우자가 잘못을 했을 때는 상대방이 어떻게 사과해 주기를 바랍니까?
이에 대한 나의 느낌은? _____

'누가 잘못을 했든지 간에, 배우자 마음을 아프게 한 내가 먼저 사과를 청하세요.'

6일

좋게 느낀 감정은 말로 표현해야

우리는 상대방에 대해 좋게 느낀 감정을 속으로만 그칠 때가 많습니다. 부부처럼 가까운 사이일수록 서로에 대한 좋은 감정을 말로 표현해 주지 않으면 서운해 하거나 오해할 수 있습니다. 자신의 감정표현을 삼키면 삼킬수록 감사, 존경, 사랑 같은 긍정의 감정들은 무뎌집니다.

배우자의 말이나 행동, 외모나 옷차림 중에 자신이 좋게 느낀 감정이 있다면 이를 말로 표현하도록 노력해야 합니다. 말로하기가 쑥스럽다면 카톡이나 메모도 좋습니다. 사랑은 표현할수록 커지고 풍성해집니다.

중요한 것은 사랑하는 대상이 아니라 사랑한다는 그 자체이다.
_마르셀 프루스트

배우자에 대해 좋게 느낀 감정을 어떻게 표현하고 있습니까?
이에 대한 나의 느낌은? _____

'배우자에게 좋게 느낀 감정은 바로 말로 표현해 주세요.'

7일

부부의 꿈

부부가 이야기할 때마다 서로 좌절하고 갈등이 심해지는 문제들이 있습니다. 그 문제 속에는 서로의 소중한 꿈이 담겨져 있기 때문에 좌절감을 더 크게 느끼게 됩니다. 꿈이란 그 사람의 존재 기반이요, 삶의 지향이 되는 소중한 부분입니다. 결혼생활은 두 사람의 꿈이 모두 존중돼야만 행복하게 유지될 수 있습니다. 꿈을 가진 부부가 현실의 어려움을 잘 이겨 낼 수 있습니다.

오랫동안 꿈을 그리는 사람은 그 꿈을 닮아 간다.
_앙드레 말로

배우자의 이루지 못한 꿈이 무엇인지 알고 있습니까?
이에 대한 나의 느낌은? _____

'부부는 서로의 꿈을 존중해 주세요.'

8일

로맨스 타임

부부는 함께 집밖으로 나가 따로 시간을 갖는 게 좋습니다. 외출 주기는 일주일에 한나절 또는 한 달에 하루 정도가 적당합니다. 아내는 외출을 할 때 가족을 보살펴야 한다는 일상의 압박감에서 벗어나면서 로맨스 감정이 되살아납니다. 로맨스는 아내의 여성성을 회복시켜 주는 묘약입니다. 부부가 친밀해지기 위해서는 주기적인 로맨스 타임 romance-time이 필요합니다. 부부의 로맨스는 과거완성형이 아니라 현재진행형이 되어야 합니다.

결혼생활은 참다운 뜻에서 연애의 시작이다.
_요한 볼프강 폰 괴테

> 우리 부부가 로맨스 타임을 주기적으로 갖는 데 어떤 장애가 있습니까?
> 이에 대한 나의 느낌은? _____

'부부는 매주 요일을 정해 산책이나 데이트를 하고, 한 달에 한 번은 짧은 여행으로 로맨스 타임을 만들어 보세요.'

9일

부정적인 말에 영향 덜 받기

부부간에도 서로의 자존심을 무너뜨리는 말을 할 때가 있습니다. 무시하는 말, 수치심을 일으키는 말, 불쾌했던 과거를 끄집어내는 말들입니다. 이런 말을 듣게 되면 자신에게 부정적인 감정이 전염되지 않도록 즉시 그 영향을 차단해야 합니다. 부정적인 말에 영향을 덜 받으려면 말의 내용보다는 말하는 배우자의 선량한 마음을 믿어야 합니다. 부정적인 말은 긍정적인 말보다 오래 기억에 남습니다.

나는 누가 칭찬하든 비난하든 개의치 않는다. 나는 다만 내 감정에 충실할 뿐이다.

_볼프강 아마데우스 모차르트

배우자가 부정적인 말을 할 때는 그 말에 대해 어떻게 반응합니까? 이에 대한 나의 느낌은? _____

'배우자의 자존심을 무너뜨리는 부정적인 말을 하지 않도록 조심하세요.'

성관계를 거절할 때

　부부는 상대방이 성을 원할 때마다 거기에 응해야 한다는 의무감을 가질 필요는 없습니다. 다만 상대방의 요구를 거절할 때는 자존심에 상처를 줄 수 있으므로 섬세해지려고 노력할 필요가 있습니다. "지금은 컨디션이 안 좋으니 다음에 하는 게 더 나을 것 같아요."라고 상대방의 기분을 배려해 부드럽게 거절해야 합니다. 또 육체적으로 지쳐서 성을 나누기 어려울 때라도 대화와 스킨십으로 함께 성적 만족감을 채울 수 있습니다. 사랑은 배려입니다.

여자가 섹스에 앞서 정서적 애정표현이 필요한 것처럼 남자는 사랑을 느끼기 위해 섹스를 필요로 한다.
_존 그레이

어떤 경우에 배우자의 성관계 요구를 거절하게 됩니까?
이에 대한 나의 느낌은? _____

'배우자의 성관계 요구를 거절할 때는 자존심에 상처를 주지 않도록 세심한 말로 배려해 주세요.'

배우자의 잠재력을 발휘하도록 도와줘야

결혼생활을 오래한 사람들조차도 부부로서의 '나'보다는 하나의 개인으로서 '나'로만 인식하고 있습니다. 그러나 자신이 내리는 모든 결정은 배우자와 불가분한 관계가 있습니다. 결혼생활은 두 사람 모두에게 서로를 성장시킬 수 있는 좋은 기회입니다. 자신의 모든 행동은 배우자가 잠재력을 발휘하도록 돕는다는 사실을 항상 염두에 두어야 합니다. 건강한 부부 관계는 서로를 성장시킵니다.

당신의 현재 상태가 당신의 궁극적 잠재력을 반영하는 것은 아니다.
_앤서니 로빈스

배우자의 잠재력을 키우기 위해 어떤 도움을 주고 있습니까?
이에 대한 나의 느낌은? _____

'배우자의 좋은 성품이나 잘하는 재능을 찾아 칭찬하고 지지해 주세요.'

경제적인 문제에 부딪혔을 때

남편들은 실직이나 사업 실패로 인해 경제적인 문제에 부딪혔을 때, 혼자 해결하려다 악화시켜 가정까지 잃는 경우가 있습니다. 그들은 가장으로서 책임감과 자존심 그리고 자책감 때문에 그 짐을 혼자 지려고 합니다.

경제적인 문제는 가족의 생존이 걸린 중대한 일이며 부부가 함께 해결해 나아가야 할 현실적인 문제입니다. 남편은 자존심을 접고 아내와 터놓고 상의해서 해결해 간다면 경제적인 문제는 물론 가정의 행복까지 지킬 수 있습니다. 새들은 바람이 가장 강하게 부는 날에 집을 짓습니다.

가난은 사람을 현명하게도 하고, 처절하게 만들기도 한다.
_베르톨트 브레히트

남편의 직장이나 사업에 어려움이 닥쳤을 때, 먼저 해야 할 일은?
이에 대한 나의 느낌은? _____

'남편들은 특히 경제적인 문제만은 항상 아내와 상의하고 진행하세요.'

13일

상처를 받았다면

배우자의 말로 인해 기분이 언짢았다면 이는 내 안에 아물지 않은 상처를 자극해서 고통을 느꼈기 때문입니다. 같은 말을 들어도 자신에게 상처가 없다면 흘려듣게 됩니다. 배우자 역시 부정적인 감정이 아직 해결되지 않아서 고통스럽기 때문에 그 말을 끄집어낸 것뿐입니다. 상처는 나의 내면의 문제이지 상대방을 탓할 문제가 아닙니다. 그럴 때는 서로 피하지 말고 상처를 준 그 문제에 대해 깊은 대화가 필요합니다.

가시에 찔리지 않고서는 장미꽃을 모을 수 없다.
_필페이

> 배우자의 말에 자주 상처를 받는다면 어떤 이유 때문입니까?
> 이에 대한 나의 느낌은? _____

'배우자의 말에 상처를 받았다면 자신의 내면에 어떤 문제가 있는지 살펴보세요.'

14일

결혼생활의 위기가 닥치면

결혼생활에 위기가 닥치면 부부가 서로 마음을 합쳐도 모자랄 판에 서로를 탓하며 에너지를 낭비합니다. 다가온 위기는 거부하지 말고 그냥 받아들입시다. 불평불만하지 말고, 서로를 탓하지 말고, 부부가 마음부터 합치는 일이 먼저입니다. 어둠은 반드시 그 끝이 있습니다. 희망의 끈을 결코 놓지 말며 고통도 두려워하지 맙시다. 고통은 인생을 단련시켜 주는 쓰디쓴 보약입니다. 그리고 기도로 높으신 분의 도움을 청하십시오.

세상은 고통으로 가득하지만 한편 그것을 이겨 낼 일로도 가득 차 있다.
_헬렌 켈러

결혼생활의 위기를 극복하는 데 어떤 마음 자세가 필요합니까?
이에 대한 나의 느낌은? _____

'결혼생활의 위기 때는 부부가 대화를 더 많이, 더 자주 하도록 노력하세요.'

부부의 독립

부부의 독립은 경제적인 독립뿐만 아니라 부모로부터의 정서적인 독립까지 의미합니다. 결혼을 하면 배우자가 부모나 형제보다 우선입니다. 서로 자라 온 원가족과 분리하여 완전히 독립하지 않으면 부부 사이는 틈이 벌어지게 됩니다. 배우자는 상대 부모의 간섭으로부터 자신을 지켜 주지 못하면 온전히 자신 편이 아니라는 사실에 상처를 받습니다. 부부는 서로를 지켜 주는 울타리입니다.

선생과 부모에 대한 지나친 기대를 버리지 못하면 언제까지나 자립할 수가 없다.
_나카타니 아키히로

> 부모의 간섭으로부터 배우자를 지켜 주지 못했을 때는 언제입니까? 이때 나의 느낌은? _____

'어떤 상황에서도 항상 배우자의 편이 되어 주세요.'

남편의 말 한마디

남자들은 마음에 담은 말을 그대로 합니다. 하지만 여자들은 말 한 마디 하더라도 상대방이 내 말을 어떻게 받아들일지, 기분이 좋을지 나쁠지 모든 경우를 생각합니다. 그만큼 여자는 상대방의 말에 민감하게 반응합니다. 부부 사이에 마음의 상처는 대부분 말로 인해 생깁니다. 남편의 말 한마디가 아내에겐 위로가 되기도 하고 상처가 되기도 합니다. 남편의 따뜻한 말 한마디가 아내를 살맛나게 합니다. 따뜻한 말에는 생명력이 있고 사랑이 있습니다.

여자는 난로 가에서 일어서는데도 77번을 생각한다.
_레프 톨스토이

배우자에게서 듣고 싶은 따뜻한 말 한마디는 무엇입니까?
이에 대한 나의 느낌은? _____

'부부는 서로에게 항상 따뜻한 말을 해 주세요.'

17일

칭찬의 힘

부부는 서로의 단점을 너무 잘 알기에 칭찬하기가 쉽지 않습니다. 그렇기 때문에 의식적으로 서로를 칭찬해야 상대방의 장점을 보는 눈이 열립니다. 아내는 남편의 좋은 품성이나 한 가지라도 잘하는 점이 있다면 이를 칭찬해 주면 좋습니다. 그 말에 힘을 얻는 남편은 다른 일도 잘하게 됩니다. 남편도 아내의 외모나 옷차림에 관심을 갖고 칭찬해 주면 좋습니다. 여자는 좋은 쪽으로 변화하려는 성향이 있어 매력적인 아내로 변신할 것입니다. 칭찬은 상대방을 더 나은 사람으로 만드는 특별한 힘이 있습니다.

아홉 가지 잘못한 일을 찾아 꾸짖기보다 한 가지 잘한 일을 발견하여 칭찬을 해 주는 것이 그 사람을 개선하는 데 효과적이다.
_데일 카네기

배우자를 칭찬하기 위해 노력해야 할 점은 무엇입니까?
이에 대한 나의 느낌은? _____

'부부는 서로에게 하루 한 가지씩 칭찬을 하는 습관을 만드세요.'

18일

자기관리는 습관을 바꾸는 것

결혼해서 생활이 바쁘고 여유가 없다 보면 자기관리를 소홀히 하기 쉽습니다. 자기관리는 자신만을 위한 것이 아니라 가족에 대한 의무입니다. 자기관리는 습관을 바꾸는 것입니다. 필요 없는 습관은 고치고, 좋은 습관은 조금 더 노력해서 키워야 합니다. 자신이 어떤 습관을 갖느냐에 따라 부부 관계도 바뀔 수 있습니다. 부부는 상대방의 행동을 고치려하지 말고 습관을 바꾸게 도와주어야 합니다. 진정한 자기관리는 자신의 가치를 깨닫고 스스로 변화하려는 노력입니다.

만일 의식적으로 좋은 습관을 형성하려고 노력하지 않으면, 자신도 모르는 사이에 좋지 못한 습관을 지니게 된다.
_디오도어 루빈

자기관리가 필요한 이유는 무엇입니까?
이에 대한 나의 느낌은? _____

'내가 키워야 할 좋은 습관을 하나만 정해 당장 실행에 옮겨 보세요.'

19일

부부의 사생활

아무리 허물없는 부부 사이지만 서로가 지키고 싶은 사적영역 즉 사생활이 있습니다. 부부는 상대방의 사생활을 인정하고 존중해야 합니다. 각자 보호받아야 할 사생활의 범위는 부부가 대화를 통해 서로 합의하여 정할 수 있습니다. 그렇지만 부부의 사생활은 반드시 대화를 통해 공유되어야 합니다. 부부는 서로가 떨어져서 공유하지 못한 시간을 대화로 함께 나눌 때 동반자 의식을 갖게 됩니다.

아무리 가난한 사람이라도 자기 집에서는 왕의 막강한 힘에 도전할 수 있다.

_윌리엄 피트

우리 부부는 서로 떨어져 지낸 시간을 어떻게 공유하고 있습니까?
이에 대한 나의 느낌은? _____

'배우자의 사생활을 인정해 주고 존중해 주고 있는지 다시 한번 반성해 보세요.'

20일

의존적 성향의 아내, 독립적 성향의 남편

의존적 성향이 있는 아내는 남편의 모든 것을 공유하면서 함께하고 싶어 합니다. 그녀들은 남편에 관계되는 일이라면 자신의 일처럼 참견합니다. 반면 독립적 성향이 있는 남편은 아내의 간섭이 자신을 구속하는 것으로 생각하여 아내에게서 멀어지고 싶어 합니다. 그들은 아내가 혼자서 뭔가 몰입해서 자신에게 쏠린 관심을 줄여 주기를 원합니다. 아내는 남편이 자신에게 관심을 덜 가져 준 것에 서운해하고, 남편은 아내가 자신을 통제하려 한다는 생각 때문에 힘들어합니다.

집착을 버려라. 그러면 세상에서 가장 부유한 사람이 될 것이다.
_미겔 데 세르반테스

배우자가 나를 구속하거나 또는 무관심한 것처럼 느껴질 때는 언제입니까?
이때 나의 느낌은? _____

'부부는 서로에게 관심을 갖되 참견이나 독자적인 행동은 자제하세요.'

21일

부부 관계의 변화를 바란다면

우리가 변화를 두려워하는 것은 그것을 바라지 않아서가 아니라 익숙한 생활이 주는 편안함을 놓치기 싫어서입니다. 그래서 내가 아니라 배우자를 변화시키기 위해 많은 노력을 하게 됩니다. 부부 관계의 변화를 바란다면, 내가 배우자에게 바라는 것들을 '내가 먼저' '작은 일부터' '꾸준하게' 실천해야 합니다. 내가 변하지 않으면 아무것도 변하지 않습니다.

모든 사람들이 세상을 변화시키는 것을 생각한다. 하지만 누구도 그 자신을 변화시키는 것은 생각하지 않는다.
_레프 톨스토이

배우자가 변화되었으면 하고 바라는 점이 있다면 그것은 무엇입니까?
이에 대한 나의 느낌은? _____

'배우자가 변화해 주기를 바라지 말고 나부터 변화하기 위한 노력을 시작하세요.'

22일

그날 문제는 그날 해결해야

불평불만이 많은 사람은 예외 없이 문제의 원인을 남들과 외부환경 탓으로 돌리는 습관이 있어 실패한 인생을 살게 됩니다. 불행한 부부들은 서로의 탓을 하며 일어난 문제를 바로 해결하려 하지 않고 외면하거나 미루는 습관이 있습니다. 반면 행복한 부부들은 문제가 있으면 심각하든 그렇지 않든 가능한 한 빨리 해결하려고 노력합니다. 부부관계를 행복하게 유지하는 비결은 그날 일어난 문제를 그날 해결하는 습관에 달려 있습니다.

너무나 많은 사람들이 자신들의 문제를 놓고 불평을 하며 인생을 허비한다. 불평하는 데 쏟는 에너지의 10분의 1만 문제해결에 쏟아도 얼마나 일이 수월하게 풀리는지 스스로도 놀라게 될 것이다.
_랜디 포시

부부의 문제를 빨리 해결하기 위해 서로 노력해야 할 점은 무엇입니까?
이에 대한 나의 느낌은? _____

'부부간에 일어난 일은 그날 중에 해결한다는 원칙을 세우고 지키세요.'

배우자가 내 말을 잘 들어 주었을 때

말하기보다 듣기가 더 어려운 이유는 집중해서 들으려면 많은 에너지가 소모되기 때문입니다. 상대방이 내 말을 잘 들어 주면 내 자신이 존중받고 이해받는다는 느낌이 들어 자존감이 올라갑니다. 부부간에 배우자가 자신의 이야기를 진지하게 들어 주면 슬픔이나 서운함과 분노 같은 감정의 찌꺼기가 정화되어 마음이 후련해집니다. 부부는 말을 잘하기 위해서가 아니라 잘 듣기 위해서 대화를 해야 합니다. 배우자는 말 잘하는 사람보다 잘 들어 주는 사람을 필요로 합니다.

말하는 법을 배우는 데는 3년이 걸리지만 입을 다무는 법을 배우는데는 30년이 걸린다.

_장신웨

> 배우자가 내 말을 잘 들어 주었을 때는 언제입니까?
>
> 이때 나의 느낌은? _____

'부부 중 한 사람이 3분간 말하면 상대방은 3분간 듣기만 하는 3분 대화법으로 대화 연습을 해 보세요.'

24일

의사소통의 책임

　꼬리를 흔드는 것이 강아지에게는 반가움의 표현이지만 고양이에게는 위협의 표시입니다. "알았어!"라는 말도 남편은 한 번 생각해 보겠다는 의도로 한 말이지만 아내는 동의한다는 의미로 해석합니다. 이처럼 남편과 아내가 사용하는 말은 의미도 다르고 해석도 다를 때가 있습니다. 부부간의 의사소통의 책임은 말하는 상대방보다는 해석을 하는 자신에게 있습니다.

본래 남자는 화성인이고 여자는 금성인이기 때문에 둘 사이의 언어와 사고방식은 다를 수밖에 없다.

_존 그레이

부부 사이에 말하는 의미와 다르게 혼선을 빚는 단어나 말은?
이에 대한 나의 느낌은? _____

'부부간에 의사소통의 책임을 배우자에게 떠넘기지 마세요.'

25일

사랑해

남편이 아내에게 자주 듣고 싶어 하는 말이 '고마워'인 것처럼, 아내도 남편에게 '사랑해'라는 말을 자주 듣고 싶어 합니다. 남편의 사랑이 아무리 넘쳐도 이를 표현해 주지 않으면 아내는 사랑을 느끼지 못합니다. 또한 아내는 남편의 말이나 행동을 통해 여전히 자신에게 마음이 있는지 없는지를 확인하고 싶어 합니다. 남편 마음 안에서 자신의 존재감이 확인될 때, 아내는 비로소 사랑받는다는 확신을 갖게 됩니다. 여자는 사랑받는 것을 사랑합니다.

사랑한다는 말을 매일 들으면 남자는 싫증을 내지만, 사랑한다는 말을 매일 듣지 않으면 여자는 의심한다.
_W. 스토리

배우자에게 '사랑해' 또는 '고마워'라는 말을 왜 듣고 싶어 합니까? 이에 대한 나의 느낌은? _____

'오늘 배우자에게 '사랑해' 또는 '고마워'를 다섯 번 이상 말해 주세요.'

26일

세 번의 결혼생활 위기

결혼생활에는 세 번의 위기가 찾아옵니다. 첫 번째는 결혼 초기에 정체성 혼란으로 인해 서로의 성격을 바꾸려고 치열하게 싸우는 신혼의 위기입니다. 두 번째는 부부가 양육과 직장일로 인해 서로에게 무관심해지고 정서적으로 멀어지는 중년의 위기입니다. 세 번째는 자녀의 출가로 가정이 빈 둥지가 되면서 결혼의 속박에서 벗어나 자유를 찾으려는 황혼의 위기입니다. 지혜로운 부부는 서로에게 맞춰 가면서 대화로 결혼생활의 위기를 슬기롭게 헤쳐 나갑니다.

결혼은 일찍이 어떤 나침반으로도 항로를 발견한 적이 없는 거친 바다이다.

_하인리히 하이네

결혼생활에서 내가 정말 위기라고 인식했을 때는 언제였습니까?
이때 나의 느낌은? _____

'결혼생활의 위기를 이겨 낸 서로에게 감사하면서 힘껏 포옹해 주세요.'

부부의 정

부부가 오래 같이 살면 사랑이 아니라 정으로 살게 됩니다. 세월이 갈수록 사랑은 옅어지지만 정은 세월과 함께 더욱 끈끈해집니다. 진정한 부부 관계는 사랑이 정으로 변화하는 순간부터 시작됩니다. 미움과 원망은 퇴색되어 미운 정으로 남고, 기쁨과 고마움은 추억이 되어 고운 정으로 기억됩니다. 늦기 전에 부지런히 고운 정을 저축해 둡시다. 잔말에 잔정이 듭니다.

행복한 결혼에는 애정 위에 언젠가는 아름다운 우정이 접목되게 마련이다. 이 우정은 마음과 육체가 서로 결부되어 있기 때문에 한층 견고한 것이다.
_앙드레 모루아

내가 배우자에게 깊은 정을 느낄 때는 언제입니까?
이때 나의 느낌은? _____

'배우자에게 빈말이나 실없는 농담도 좋으니 자주 말을 걸어 주세요.'

28일

기대는 사랑의 독소

기대와 실망은 한 세트입니다. 배우자를 사랑할수록 상대방도 나와 같은 마음으로 사랑해 주길 기대합니다. 그러나 자신이 기대한 만큼 사랑은 되돌아오지 않습니다. 그 차이가 섭섭함이고 실망이며 상처입니다.

배우자가 해 주면 더 좋고 안 해 줘도 괜찮다는 생각을 하면 상대방의 작은 배려도 눈에 들어오고 그 감동이 오래 지속됩니다. 배우자에 대한 기대를 내려놓을수록 자신도 자유로워집니다. 배우자에 대한 기대치를 낮추면 행복지수는 높아집니다. 기대는 사랑의 독소입니다.

기대하지 마라. 기대는 모든 고통의 원천이다.
_윌리엄 셰익스피어

내가 배우자에게 기대하고 있는 것은 무엇입니까?
이에 대한 나의 느낌은? _____

'기대는 독입니다. 배우자에 대한 기대를 줄이도록 노력하세요.'

여자가 맨날 입을 옷이 없다고 하는 이유

여자들은 외출할 때 그날 일정과 분위기에 맞춰 화장, 옷의 색상, 구두, 핸드백, 액세서리와의 전체적인 코디를 생각합니다. 다음 자신의 이미지를 떠올리며 옷장에서 입을 옷을 고릅니다.

그때마다 맨날 여자의 입에서 항상 터져 나오는 말 "아, 입을 만한 옷이 없어!" 상의에 코디할 하의가 마음에 안 들거나, 갑자기 옷이 촌스러워 보이거나, 구두와 맞지 않는다는 등 이유는 수십 가지입니다. 아름다움이란, 당신이 자신을 받아들이기로 결심할 때부터 시작됩니다.

패션은 자기표현이자 선택이다. 누군가 내게 옷을 어떻게 입어야 좋을지 모르겠다고 하면 우선 거울을 보고 자신을 연구하라고 말해 준다.
_미우치아 프라다

외출할 때, 무슨 이유에서 입을 옷이 없다고 한탄하게 됩니까?
이때 나의 느낌은? _____

'배우자가 외출할 때는 옷차림에 대해 특별히 관심을 가져 주세요.'

30일

배우자를 최우선으로

주는 것이 받는 것보다 행복합니다. 내가 상대방으로부터 무엇인가 받으면 마음에 부담이 생기지만, 상대방에게 베풀면 내 마음이 따뜻해집니다. 나와 한 몸인 배우자에게도 받기보다 줄 때 내 마음도 기쁘고 행복합니다. 주면서 배우자가 좋아하는 모습을 보면 더없이 행복합니다. 배우자를 위해 헌신하는 삶은 자신에게 손해인 것 같지만 오히려 자신을 더욱 풍요롭고 행복하게 합니다. 배우자를 최우선으로 하는 삶이 행복의 지름길입니다.

남을 행복하게 하는 것은 향수를 뿌리는 것과 같다. 뿌릴 때에 자기에게도 몇 방울 정도는 묻기 때문이다.
_탈무드

배우자를 최우선으로 하는 삶을 위해 노력해야 할 점은 무엇입니까?
이에 대한 나의 느낌은? _____

'자녀들 앞에서 배우자를 최고로 존중하는 모습을 행동으로 보여 주세요.'

31일

공통의 관심사는 새로운 세계의 공유

부부가 친구처럼 지내기 위해서는 공통의 관심사가 필요합니다. 공통의 관심사로는 취미, 여행, 운동, 봉사, 신앙, 예술 등 다양한 분야가 있습니다. 부부는 공통의 관심사를 가짐으로써 새로운 세계를 공유할 수 있습니다. 그것으로 인해 화제가 풍부해져 많은 대화를 나눌 수 있고 함께 많은 시간을 즐길 수 있으며 서로를 더 깊이 이해할 수 있습니다. 하지만 그것들을 함께 하는 일도 중요하지만 서로의 관심사를 존중해 주는 게 더 중요합니다.

인간은 관심이 없으면 아무것도 창조해 내지 못하고 풍부해지지도 못한다.
_디오도어 루빈

우리 부부가 함께할 수 있는 새로운 관심사에는 어떤 것이 있습니까?
이에 대한 나의 느낌은? _____

'부부는 서로의 관심사에 대해 지지해 주거나 함께해 보세요.'

남편을 위한 보약 20첩

1첩 여보! 고마워요.

2첩 당신이 역시 최고야.

3첩 내가 시집 하나는 잘 왔지.

4첩 내가 복받은 여자지.

5첩 당신이라면 할 수 있어요.

6첩 내가 당신을 얼마나 존경하는지 모르지요.

7첩 당신이니까 내가 이렇게 살지.

8첩 아이가 당신 닮아서 저렇게 똑똑하나 봐요.

9첩 당신은 언제 봐도 멋이 있어요.

10첩 당신이라면 무엇이든지 할 수 있어요.

11첩 당신 품에 있을 때가 제일 편안해요.

12첩 당신은 다른 남자들과는 전적으로 달라요.

13첩 당신 덕분에 이렇게 잘 살게 되었어요.

14첩 당신이 있어 든든해요.

15첩 당신만 믿어요.

16첩 이제는 내가 나서 볼게요.

17첩 이제는 쉴 때도 됐지요.

18첩 건강도 생각하세요.

19첩 난 당신 없이 하루도 못 살 거야.

20첩 역시 수준이 다르네요.

9월
SEPTEMBER

9월

SEPTEMB

진주도 처음에는 하나의 상처

영롱한 진주도 처음에는 하나의 상처였습니다. 상처 입은 조개가 오랫동안 상처를 아물게 하는 과정에서 아름다운 진주가 만들어집니다. 상처의 고통을 견디어 내는 인내의 힘이 진주와 같은 아름다움을 만듭니다. 배우자에게 받은 상처가 치유될 때까지 고통을 견디며 용서하는 과정에서 내 삶도 아름답게 변합니다. 마음의 상처는 마음먹기에 따라 아름다운 진주가 되기도 하고, 성장을 막는 장애가 되기도 합니다.

행복은 육체를 위해서는 고마운 것이지만 정신력을 크게 기르는 것은 마음의 상처이다.
_마르셀 프루스트

배우자에게 받은 상처의 고통을 견디면서 깨달은 점은 무엇입니까?
이에 대한 나의 느낌은? _____

'배우자가 내게 준 상처는 나의 성장을 위해서라고 긍정적으로 받아들이세요.'

2일

남편은 아내의 사랑스러움을 가꾸는 정원사

남편은 아내의 사랑스러움을 가꾸는 정원사입니다. 남편은 평소에 아내의 외모나 옷차림에 관심을 보여야 합니다. 여자는 예쁘다는 말을 자꾸 들어야만 점점 아름다워집니다. 아내의 매력이 사랑스러움이라면 남편의 매력은 너그러움입니다. 아내가 언제나 기댈 수 있는 사람은 남편뿐입니다. 아내가 실수해도 이해해 주는 남편의 너그러움이 아내의 사랑스러움을 꽃피우게 하는 자양분입니다.

신이 세상에 준 가장 아름다운 것은 여자이고, 그다음은 꽃이다.
_크리스티앙 디오르

아내가 가장 사랑스러울 때는 언제입니까? 또는 남편에게 크게 감동받았을 때는 언제입니까?
이때 나의 느낌은? _____

'남편은 아내에게 너그럽게 대하고, 아내는 남편에게 사랑으로 대해 주세요.'

말하는 것보다 두 배는 더 들어야

사이가 좋지 않는 부부일수록 상대방의 말을 잘 듣지 않습니다. 배우자의 말에 화가 나더라도 상대방이 좀 더 많은 얘기를 할 수 있게 하면서 듣다 보면 뜻밖에 더 많은 사실을 발견하게 됩니다. 또 서로에 대해 너무 모르고 있다는 사실도 깨닫게 됩니다.

배우자의 말을 잘 듣지 않으면 믿음뿐 아니라 배우자까지 잃게 됩니다. 더 좋은 부부 관계를 원한다면 말하는 것보다 두 배는 더 듣도록 노력해야 합니다. 마음을 움직이는 힘은 입이 아니라 귀에서 나옵니다.

세상은 말을 잘하는 사람보다 잘 듣는 사람을 더 사랑한다.
_서양 격언

배우자의 말을 잘 듣기 위해 고쳐야 할 나의 듣기의 태도는 무엇입니까?
이에 대한 나의 느낌은? _____

'대화에도 질서가 있습니다. 상대방이 말할 때는 끼어들기, 가로채기, 앞지르기를 하지 마세요.'

4일

부부는 함께 성장해 가는 사랑의 관계

사랑은 발전해 가는 과정이지 어느 순간에 끝나 버리는 사건이 아닙니다. 부부의 사랑은 시간이 흐르면서 점점 발전하고 달라져야 하는 그 이상의 것들이 있습니다. 부부는 육체적, 정서적, 영적으로 균형과 조화를 이루면서 함께 성장해가는 사랑의 관계입니다. 서로에 대한 관심과 이해하려는 노력이 부부의 사랑을 성숙하게 합니다.

이 세상에서 사랑이 가장 소중하며, 사랑은 우리가 투쟁하고 용기를 내야 할 충분한 가치가 있다. 모든 위험을 감수할 정도로 가치 있고 소중한 것이 사랑이다.

_에리카 종

> 우리 부부의 사랑을 성장시키기 위해 어떤 노력을 하고 있습니까? 이에 대한 나의 느낌은? _____

'우리 부부 관계에서 육체적, 정서적, 영적 세 가지 중에 어느 부분에 좀 더 노력이 필요한지 대화해 보세요.'

남자는 행동, 여자는 감정

아내가 아프다고 할 때 대부분 남편들은 먼저 "약을 사다 줄까?"라고 묻습니다. 그러나 아내가 기대하는 정답은 "많이 아팠겠구나!"라고 공감해 주는 말입니다. 남자와 여자는 문제에 접근하는 방법이 다릅니다. 남자는 행동doing, 여자는 감정feeling입니다. 문제가 생겼을 때 남자는 그 문제를 해결하기 위한 행동을 하고, 여자는 먼저 자신의 감정을 공감해 주기를 원합니다. 최소한 이 차이만 알아도 부부간에 불필요한 갈등을 줄일 수 있습니다.

남자는 의지이고 여자는 정서다. 인생을 배라고 하면 의지는 방향키이고, 정서는 닻이다.
_랄프 왈도 에머슨

나와 배우자 간에 정서적인 차이가 크게 느껴질 때는 언제입니까?
이때 나의 느낌은? _____

'배우자의 말이나 행동이 이해되지 않을 때는 남녀 차이로 인해 그렇지 않는지 생각해 보세요.'

부부간에 친밀감 키우기

부부가 비난하고 싸우는 진짜 원인은 문제 자체가 아니라 친밀감을 느끼지 못하기 때문입니다. 배우자에게서 친밀감을 느끼지 못하면 대게 아내들은 남편의 마음을 돌려보려고 비난하거나 매달리게 되고, 남편들은 그런 아내에게서 회피하려는 경향이 있습니다. 부부 관계에서 가장 중요한 일은 친밀감을 키우는 일입니다. 친밀감은 부부가 함께하는 시간을 자주 갖고, 대화를 많이 하고, 긍정적인 말과 행동을 나눌 때 키워집니다. 결혼생활의 수레를 이끄는 두 바퀴는 친밀과 책임입니다.

처음으로 텔레비전을 샀을 때, 나는 사람들과의 친밀한 관계 형성에 대한 관심을 끊었다.

_앤디 워홀

배우자에게 친밀감을 느끼지 못할 때는 어떤 말과 행동을 하게 됩니까?
이때 나의 느낌은? _____

'매일 아침에 일어나면 배우자에게 "잠 잘 잤어요?"라고 안부 인사를 꼭 하세요.'

행복은 스스로가 채워 가는 내적 만족감

부부는 서로의 부족한 부분을 채워 줄 수 있지만 서로를 대신해 줄 수는 없습니다. 행복은 스스로 부족한 점을 채워가면서 성숙해지는 자신을 바라보며 느끼는 충만감입니다. 결혼생활의 행복은 서로의 독립성을 존중해 주면서 상대방에게 힘이 되어 주고 때로는 상대방에게 의지하면서 사는 삶입니다. 행복은 스스로가 채워 가는 내적 만족감입니다.

어리석은 사람은 행복이 어딘가 먼 곳에 있다고 믿는다. 현명한 사람은 행복을 자신의 발밑에 키운다.
_제임스 오펜하임

내가 생각하는 결혼생활의 행복은 무엇입니까?
이에 대한 나의 느낌은? _____

'행복은 자신의 내면에 있습니다. 그러니 외부에서 찾지 마세요.'

집착은 사랑의 결핍증

집착은 사랑의 결핍증입니다. 집착은 상대방을 내 소유라고 생각하여 내 마음대로 해 보려는 자기 동일시의 심리입니다. 이런 집착 성향은 어린 시절 주위 사람들로부터 사랑을 온전히 받지 못하면서 생긴 사랑의 결핍증입니다. 내가 자유롭고 싶은 것처럼 배우자도 자유롭게 놓아주고 바라볼 수 있어야 합니다. 건강한 부부 관계는 붙잡는 이기심과 놓아주는 사랑 사이의 균형 잡기입니다. 본래의 나는 부족함이 없는 완전한 사람입니다.

인생은 붙잡고 있기와 놓아주기 사이의 균형을 잡는 것이다.
_ 잘랄 웃 딘 루미

내가 배우자와의 관계에서 집착이라고 생각되는 점은 무엇입니까?
이에 대한 나의 느낌은? _____

'배우자에게 집착을 하게 되면 먼저 자신의 마음부터 살펴보세요.'

부정적인 감정에 대한 선택

배우자의 짜증나는 말이나 행동으로 인해 부정적인 감정이 일어날 때, 내가 선택할 수 있는 방법은 세 가지가 있습니다. 상대방을 비난하거나, 참고 견디거나 아니면 가볍게 넘길 수도 있습니다. 특히 부정적인 감정이 들 때는 한 박자 늦춰 자신의 행동을 선택해야 후회하지 않습니다. 내가 스스로의 삶을 기쁘게 생각할수록 배우자의 행동이나 습관이 나를 덜 힘들게 할 것입니다. 감정에 휘둘리는 사람이 되기보다는 스스로 감정을 선택하는 사람이 되세요.

마음에 상처를 주는 사슬을 끊어 버리고 걱정하기를 단번에 그만둔 사람은 행복하다.

_오비디우스

배우자로 인해 부정적인 감정이 들 때는 주로 어떤 행동방식을 선택합니까?

이에 대한 나의 느낌은? _____

'감정에 휘둘려 살기보다는 스스로 감정을 선택하며 살기로 다짐하세요.'

여자에게 성이란 과정이고 사랑이다

여자와 남자는 성에 대한 인식과 마음작용이 전혀 다릅니다. 여자에게 성이란 과정이고 사랑입니다. 그래서 여자에게는 사랑을 나누는 순서가 있습니다. 남자와 대화하고, 마음을 열고, 사랑을 확인하고, 스킨십을 하고, 성욕이 생기고 그리고 성관계를 하고 마지막으로 그 느낌까지 함께 나누고 싶어 합니다. 하지만 쾌락만 생각하는 남자에게는 여자의 그런 과정에는 별로 관심이 없습니다. 여자에게 성이란 과정이고 사랑입니다

사랑하는 파트너와 한 몸이 되는 충실한 성생활이라야만 여성은 아름다워진다.
_나가이케 히토코

성관계를 하는 과정에서 배우자가 배려해 주기를 바라는 점은 무엇입니까?
이에 대한 나의 느낌은? _____

'아내와 성관계를 할 때는 먼저 감미로운 대화로 마음의 문을 여세요.'

연애세포를 깨우는 스킨십

스킨십은 부부간에 애정을 더욱더 감미롭게 해 주는 달콤한 소스와 같습니다. 하지만 부부생활에 활력을 주는 스킨십도 서로에게 익숙해지면 자연히 소홀하게 됩니다. 특히 감각세포가 둔해지는 중년 이후부터는 스킨십의 필요성이 더욱 커집니다.

신체접촉을 통해 뇌로 전달되는 감정은 훨씬 풍부하고 즉각적이어서 잠자는 연애세포를 깨우는 데는 스킨십이 최고입니다. 건강을 위해 매일 비타민을 챙겨 먹듯이, 부부의 애정을 높여 주는 스킨십을 꾸준히 해야 잠자던 연애세포가 깨어납니다.

나의 몸을 만지는 것은 바로 나를 만지는 것이다.
_게리 채프먼

우리 부부가 스킨십을 꾸준히 하려면 어떤 노력이 필요합니까?
이에 대한 나의 느낌은? _____

'부부 관계가 친밀해지기를 바란다면, 하루에 세 가지 이상 스킨십을 꾸준하게 해 보세요.'

12일

잔소리가 필요한 이유

같은 잔소리라도 배우자를 키우는 잔소리가 있고, 배우자의 기를 죽이는 잔소리가 있습니다. 잔소리에 진심이 담기면 보약이 되고, 부정적인 감정이 실리면 독약이 됩니다. 평소 남편들이 아내의 잔소리를 안 듣는 것 같아도 비슷한 상황에 맞닥뜨리게 되면 마음에 새겨진 아내의 잔소리에 따라 행동하게 됩니다. 배우자에게 꼭 필요한 잔소리는 주저 없이 해야 합니다. 단 통제하려 하지 말고, 과거는 빼고, 반복하지 말고, 부드럽게, 진심으로, 사랑을 담아서.

단지 누구를 사랑한다고 해서 무조건 감싸야 한다는 뜻은 아니다. 사랑은 상처를 덮는 붕대가 아니다.
_휴 엘리어트

배우자의 잔소리 중에 내게 보약이 되는 잔소리는 무엇입니까?
이에 대한 나의 느낌은? _____

'배우자에게 잔소리를 할 때는 사랑을 담아서 짧게 하세요.'

치유되지 않은 마음의 상처

어릴 때 받은 마음의 상처는 시멘트 바닥에 남겨진 구두 발자국처럼 지워지지 않습니다. 그 상처가 자신뿐만 아니라 배우자를 부정적으로 보게 만들어 부부 관계를 힘들게 합니다. 해결되지 않는 갈등의 부부 관계, 그것은 배우자 탓이 아니라 자신의 내면에 치유되지 않고 있는 상처들 때문입니다. 아직도 내 마음속에 울고 있는 상처받은 내면아이 inner child가 있습니다. 배우자는 자신의 상처받은 내면아이를 치유해 줄 수 있는 최고의 상담자입니다.

상처는 낫지만 그 흔적은 남는다.
_J. 레이

> 어릴 때 받은 상처 중에 치유되지 않고 남아 있는 상처는 무엇입니까?
> 이에 대한 나의 느낌은? _____

'배우자의 내면의 상처를 치유해 줄 최고의 상담사는 바로 자신이라는 점을 명심하세요.'

부부 관계는 수학공식이 아니다

부부 관계는 수학공식처럼 딱 맞게 떨어질 수 없습니다. '내가 이만큼 했으니, 당신은 적어도 이 정도는 해 줘야해.'라고 생각을 품는 순간, 갈등의 불씨가 됩니다. 내가 할 수 있는 일도 배우자는 할 수 없을 수도 있고, 내가 할 수 없는 일도 배우자는 아무렇지 않게 할 수 있습니다. 서로가 각자 할 수 있는 만큼만 열심히 하면 됩니다. 내가 하는 것과 배우자가 하는 걸 별개로 생각하면 마음이 편합니다.

함께 살 수 있겠다는 생각이 드는 사람과 결혼하지 마라. 없으면 살수 없는 사람과 결혼하라.
_제임스 돕슨

내가 해 준 만큼 배우자가 해 주지 않아 불만을 갖게 되는 일은 무엇입니까?
이에 대한 나의 느낌은? _____

'부부는 서로의 부족한 점을 채워 주는 동반자 관계임을 항상 기억하세요.'

결혼생활의 목표

결혼생활의 목표는 '행복'에 있지 않고 '부부 일치'에 있습니다. 결혼생활의 목표를 행복에 두면 곧바로 실망하여 좌절하게 됩니다. 행복은 그 자체로 목표가 되지 못하며 오히려 일치를 이루기 위해 노력하는 가운데 선물로 주어집니다. 부부 일치는 매일매일 서로가 사랑으로 일치하려는 노력을 통해 일치를 느끼는 과정에서 이루어집니다. 결혼생활은 부부가 서로 사랑하기 위해 끊임없이 노력하는 아름다운 여정입니다.

사랑은 욕구와 감정의 조화이며, 결혼의 행복은 부부간의 마음의 화합으로부터 생기는 것이다.
_오노레 드 발자크

나는 결혼생활의 목표를 어디에 두고 있습니까?
이에 대한 나의 느낌은? _____

'부부는 서로 사랑으로 일치하는 노력을 게을리 하지 마세요.'

16일

부부의 힘

부부는 자신들을 하나의 팀처럼 생각하고 합심해야 합니다. 어떤 행동이나 결정을 내릴 때도 '나'가 아니라 '우리'가 함께하는 것입니다. 따라서 개인적으로 어떤 행동이나 결정을 할 때도 항상 상대방에게 미치는 영향을 염두에 두어야 합니다. 부부는 자신들을 한 팀으로 생각할 때, 서로를 배려하고 존중할 수 있습니다. 진정한 부부의 힘은 두 사람이 사랑으로 하나가 될 때 나옵니다. 부부의 힘은 사랑의 힘입니다.

서로 떨어져 있으면 한 방울에 불과하다. 함께 모이면 우리는 바다가 된다.
_류노스케 사토로

우리 부부가 한 팀이 되기 위해 노력해야 할 점은 무엇입니까?
이에 대한 나의 느낌은? _____

'부부가 대화를 통해 어떤 점이 우리 '부부의 힘'인지 함께 찾아보세요.'

17일

부부의 약속은 사랑의 표현

결혼생활은 크고 작은 수많은 약속으로 이루어집니다. 하지만 부부 사이에 한 약속은 다른 약속에 밀리거나 그냥 넘어가기 예사입니다. 부부가 함께한 약속은 아주 작은 것이라도 지켜져야 합니다. 부부의 약속이 잘 지켜지기 위해서는 서로에 대한 이해와 배려가 바탕이 되어야 합니다. 부부가 약속을 할 때는 자신의 상황이나 바람을 솔직히 얘기한 후 서로의 의견을 반영하여 정해야 합니다. 부부의 약속은 사랑의 표현입니다.

누구나 약속하기는 쉽다. 그러나 그 약속을 이행하기란 쉬운 일이 아니다.
_랄프 왈도 에머슨

우리 부부의 약속이 잘 지켜지려면 서로 어떤 점을 고쳐야 합니까?
이에 대한 나의 느낌은? _____

'다른 사람들과 약속보다 배우자의 약속을 최우선으로 지키세요.'

18일

아내의 선물은 지속성이 중요

아내들은 선물의 가격을 사랑의 척도로 생각하지 않습니다. 그녀들은 사랑하는 남편의 관심을 더 중요시합니다. 남편들은 사랑하는 아내에게 장미 한 송이를 오랫동안 주지 못합니다. 그러나 아내들은 한 송이 장미를 받을 때마다 내심 좋아하며 남편의 지속적인 관심에 후한 점수를 줍니다. 남편들은 익숙한 것에 대해 쉽게 싫증을 내지만 아내들은 오히려 익숙한 것을 잘 받아들이기 때문입니다. 선물은 주는 사람의 태도가 선물보다 더 중요합니다.

여자들이 가장 원하는 선물은 다이아몬드나 장미, 초콜릿이 아니다. 그것은 지속적인 관심이다.
_리처드 워렌

배우자에게서 받은 선물 중에 어떤 선물이 가장 마음에 듭니까? 이에 대한 나의 느낌은? _____

'열흘 동안만 아내가 필요로 하는 5천 원 미만의 물건을 골라 매일 아내에게 선물해 주세요.'

일상에 작은 변화를 주자

행복한 결혼생활은 일생 동안 똑같은 사람과 반복되는 일상을 어떻게 잘 지내는가에 달려 있습니다. 외식, 성생활, 매주 영화 보러 가는 일도 시간이 지나면 뻔한 일상이 됩니다. 행복의 아궁이에 지속적으로 새로운 에너지를 투입해 주지 않으면 사랑의 불꽃은 타오르지 않습니다. 변화는 새로운 에너지를 만듭니다. 나비의 날개 짓처럼 끊임없는 작은 변화가 당신의 결혼생활을 행복으로 이끌어 줄 것입니다. 작은 변화가 의외의 큰 변화를 가져옵니다.

작은 변화가 일어날 때 진정한 삶을 살게 된다.
_레프 톨스토이

최근 결혼생활에 작은 변화를 주기 위해 어떤 시도를 하고 있습니까?
이에 대한 나의 느낌은? _____

'결혼생활을 행복으로 이끌어 줄 작은 변화를 찾아서 즉시 실천하세요.'

남편은 서열, 아내는 관계

남자는 서열을 중시하고 여자는 관계를 중시합니다. 남편은 가정에서 자신의 서열이 아내보다 은연중에 위라고 생각합니다. 서열이 아래인 아내가 자기주장을 내세우면 '내가 서열이 위인데 왜 덤비지.'라며 기분 나빠합니다. 아내는 남편과 동등한 관계로 생각합니다. 아내는 당연히 해야 할 집안일을 하면서 생색내는 남편의 말에 불쾌해합니다. 집안일은 서열과는 아무런 관계가 없습니다.

남자란 여자와 더불어 살 수도 없고 그렇다고 여자 없이 살 수도 없다.
_조지 고든 바이런

나는 배우자와의 관계(상하 아니면 동등)를 어떻게 생각합니까?
이에 대한 나의 느낌은? _____

'가정에서 부부는 동등하고 평등한 관계입니다. 특히 남편들은 서열의식을 버리고 아내를 동등하게 대해 주세요.'

책임과 존중은 동전의 양면

배우자가 집에서 기다리는 줄 알면서도 전화도 없이 늦게 귀가했다면, 자신의 무례한 행동에 대해 깊은 반성과 책임감을 느껴야 합니다. 자신의 잘못된 행동은 단순히 사과하는 것만으로 끝나지 않고 그 이상의 의미가 있습니다.

내가 배우자를 존중하지 않는다면, 배우자 또한 크고 작은 방식으로 자신을 존중하지 않는다는 사실을 깨달아야 합니다. 책임과 존중은 동전의 양면과 같습니다.

사랑을 한다는 것은 책임을 안다는 것이다.
_생텍쥐페리

배우자가 나를 존중해 주지 않았을 때는 어떤 생각이 듭니까?
이때 나의 느낌은? _____

'내가 존중받기를 원하는 것처럼 배우자도 존중받는다는 느낌이 들도록 말과 행동으로 보여 주세요.'

부부 갈등이 필요한 이유

부부 사이에 갈등은 필요합니다. 그래야 부부 사이에 경계를 짓고, 서로의 정체성을 지키고, 상대방을 알아 가고, 무엇이 문제인지 제대로 파악할 수 있습니다. 갈등은 부부 사이를 가로막는 벽을 허물고, 꼬인 부분을 풀어 주고, 소통의 통로를 열어 줍니다. 갈등은 부부 관계의 성장을 위한 디딤돌입니다. 부부는 갈등을 극복해 가는 과정에서 상대방을 이해하고 사랑하면서 성장하게 됩니다.

우리가 더불어 살아가고 교류하는 삶의 모든 영역에서 갈등이 일어나지 않기를 바라는 것은 불가능한 일이다.
_마르틴 파도바니

부부 갈등의 긍정적인 측면을 무엇이라고 생각합니까?
이에 대한 나의 느낌은? _____

'부부의 갈등은 부부 관계의 성장을 위한 디딤돌이라고 긍정적으로 생각하세요.'

대화의 삼박자

부부가 대화를 하다가 말다툼이 생기는 것은 대화의 삼박자가 겉돌기 때문입니다. 대화의 삼박자는 때와 장소와 분위기입니다. 대화도 삼박자에 맞게 하면 대화의 색깔이 달라집니다. 바쁜 주중에 하는 대화와 주말의 여유로울 때 하는 대화의 소재도 달라야 합니다. 그리고 식탁에서 하는 대화와 데이트 중에 하는 대화 주제도 달라야 합니다. 또 냉랭한 분위기에서 하는 대화와 유쾌한 분위기에서 하는 대화 내용도 물론 다를 수밖에 없습니다. 대화의 삼박자는 부부 대화를 더욱 맛깔스럽게 만듭니다.

두 독백이 대화를 만드는 건 아니다.

_제프 데일리

우리 부부가 대화를 잘하기 위해 삼박자 중에 무엇을 바꾸면 좋을까요?

이에 대한 나의 느낌은? _____

'무거운 주제의 이야기는 집 안에서 하지 말고 분위기 좋은 카페에 가서 하세요.'

아내에게 돈보다 더 필요한 것

남자들은 돈이면 모든 문제가 해결된다고 생각하는 경향이 있습니다. 그들은 돈을 많이 벌어다 주면 아내가 행복해할 것이라고 착각합니다. 그러나 돈이 아내의 모든 욕구를 채워 주지 못합니다. 오히려 여자들은 경제적 빈곤보다 정서적 빈곤을 더 참기 힘들어합니다. 아내들은 돈보다 자신의 말에 귀 기울여 주고, 함께하고, 자신만을 사랑해 주는 남편을 더 필요로 합니다. 아내는 사랑 없는 돈보다 대화를 더 좋아합니다.

여자는 이상으로 사랑하고, 남자는 속셈으로 사랑한다.
_게리 S. 오밀러

배우자에게 가장 받기를 원하는 것은 무엇입니까?
이에 대한 나의 느낌은? _____

'대화는 부부 관계를 건강하게 하는 보약입니다. 매일 부부가 대화하는 시간을 정해 꾸준히 실천해 보세요.'

25일

용서는 사랑의 실천

상처를 준 배우자를 용서하지 않는 일은 계속 고통 속에 살겠다는 선택입니다. 나도 배우자에 대한 사랑이 부족해서 상처를 줄 때가 있습니다. 배우자 또한 나에 대한 사랑이 부족했기 때문에 실수를 했다고 이해하고 용서해야 합니다. 배우자에게 용서의 문은 항상 열어 두어야 합니다. 용서는 사랑입니다. 용서는 배우자뿐만 아니라 자신에게 베푸는 가장 큰 사랑입니다. 용서는 사랑의 실천입니다.

가장 많이 용서하는 사람이 가장 많은 용서를 받는다.
_조시아 베일리

나를 위해서 용서가 필요한 이유는 무엇 때문입니까?
이에 대한 나의 느낌은? _____

'용서할 수 없는 사람은 사랑을 할 수 없습니다. 사랑하기 위해서라도 배우자를 무조건 용서해 주세요.'

26일

결혼생활에서 포기하면 안 되는 것들

결혼생활에서 포기해서는 안 되는 것들이 있습니다. 배우자의 성격, 가치관, 생활습관 같은 차이는 노력하면 얼마든지 극복할 수 있습니다. 그러나 미래에 대한 희망과 배우자에 대한 믿음만은 끝까지 포기해서는 안 됩니다. 물이 끓는 온도는 마지막 1도를 채울 때입니다. 진정한 행복은 포기해서는 안 되는 것을 끝까지 참고 견디어 낼 때 얻습니다. 인내는 행복의 또 다른 이름입니다.

결혼이 인생의 행복을 결정짓지는 않는다. 행복의 비결은 어떠한 시련이나 어려움도 무너뜨릴 수 없는 강한 자신을 구축하는 데 있다.
_이케다 다이사쿠

결혼생활에서 절대 포기해서 안 되는 것은 무엇입니까?
이에 대한 나의 느낌은? _____

'부부 사이에 서로에게 상처를 주는 말이나 홈집을 내는 행동은 끝까지 참아주세요.'

27일

배우자 가족에 대한 험담

험담은 발이 달려 있어 반드시 상대방에게 전달되게 되어 있습니다. 그래서 험담하는 자신, 듣는 상대방과 험담의 대상자 모두에게 상처를 주게 됩니다. 배우자의 가족에 대한 험담은 가급적 입에 담아서는 안 됩니다. 상대방의 가족에 대해 부정적인 말을 하고 싶을 때는 자신의 부정적인 감정을 거른 후에 객관적 사실만을 이야기해야 합니다. 배우자는 자신에게 하는 비난은 참지만 가족에 대한 험담은 참지 못합니다. 험담은 쓴맛과 같아 그 맛이 평생 기억 속에 남습니다.

험담은 세 사람을 죽인다. 험담하는 사람, 험담의 대상이 되는 사람, 험담을 듣는 사람.
_미드라쉬

배우자 가족을 험담하게 되는 이유는 무엇 때문입니까?
이에 대한 나의 느낌은? _____

'배우자 가족에 대해서는 가급적 좋은 말만 하도록 노력해 보세요.'

가족 간에 배려가 필요한 명절 연휴

명절 연휴를 잘 보내기 위해서는 가족 간에 배려가 필요합니다. 먼저 식사 준비와 설거지, 집안 청소는 가족 모두가 분담하여 여자들의 부담을 줄여 주어야 합니다. 명절 스트레스는 부부와 가족들 사이에 잠재해 있던 불만을 터지게 하는 방아쇠가 됩니다. 가족과 친지들이 모처럼 모이다 보면 그간 묵혀 두었던 불만들이 분출되어 모두의 마음을 상하게 할 수 있습니다. 설혹 서로에 대해 서운한 감정이 있더라도 감정표출을 자제하고 좋은 말만 하도록 해야 합니다.

눈물로 걷는 인생의 길목에서 가장 오래, 가장 멀리까지 배웅해 주는 사람은 바로 우리의 가족이다.
_권미경, 〈아랫목〉 중에서

이번 명절 연휴 동안에 가족을 위해 배려할 점은 무엇입니까?
이에 대한 나의 느낌은? _____

'명절에는 식사 준비는 여자들이, 청소와 설거지는 남자들이 하는 것으로 역할을 분담하세요.'

당당한 며느리, 착한 시어머니

일하는 여성이 늘고 결혼 연령이 높아지면서 고부간의 관계도 달라졌습니다. 경제력이 있고 사회 경험이 많은 '당당한 며느리'들은 자기 주장이 강한 편입니다. 반면 아들의 아내와 좋은 관계를 갖기 원하는 시어머니들은 '착한 시어머니'로 며느리에게 인정받고 싶어 합니다. 이러한 며느리와 시어머니의 태도가 지나치면 본인은 물론 상대방에게도 스트레스를 주게 됩니다. 고부간의 갈등은 당연하다고 생각을 바꾸면 서로의 관계도 좋아집니다.

시어머니는 설탕으로 만들었어도 쓰디쓰다.
_스페인 속담

고부간에 갈등이 일어나는 근본적인 원인은 어디에 있습니까?
이에 대한 나의 느낌은? _____

'시어머니와 며느리는 서로를 존중하고, 할 말이 있으면 자신의 의견을 명확히 표현하여 오해가 없도록 하세요.'

가족은 사랑의 관계

며느리와 사위는 새 가족입니다. 한 가족이 되려면 시간이 필요합니다. 부모 입장에서 며느리와 사위와의 관계는 이해하기 따라 사이가 가까워질 수도 있고 멀어질 수도 있습니다. 부모와 자식 사이에는 설령 서운한 일이 있더라도 불신하기보다는 먼저 이해하려고 합니다, 그러나 며느리와 사위와는 부모가 먼저 이해하고 받아들이지 않으면 오해와 불신은 커질 수 있습니다. 부모는 며느리와 사위가 미흡하더라도 사랑과 인내를 갖고 기다려 줘야 합니다. 가족은 사랑의 관계입니다.

이 세상에 태어나 우리가 경험하는 가장 멋진 일은 가족의 사랑을 배우는 것이다.
_조지 맥도널드

새 가족을 받아들이기 위해 가장 배려할 점은 무엇입니까?
이에 대한 나의 느낌은? _____

'모든 불화의 근원은 말입니다. 가족같이 가까운 사이일수록 말을 가려서 서로의 기분을 상하지 않게 조심하세요.'

10월
OCTOBER

1일

배우자는 인생의 스승

이 세상에서 배우자만큼 나를 잘 아는 사람은 없습니다. 나보다도 나를 더 잘 아는 사람이 내 아내이고 남편입니다. 진심으로 나를 사랑하고, 내가 잘되기를 바라는 사람은 배우자뿐입니다. 그런 면에서 배우자의 지적은 그 어떤 카운슬러나 어떤 선생님보다 자신을 참된 사람으로 이끌어 주는 스승이라고 볼 수 있습니다. 배우자의 조언을 잔소리로 생각하지 않고 스승의 가르침처럼 받아들이고 따를 때 인생의 성장이 있습니다. 배우자는 인생의 동반자이자 스승입니다.

좋은 약은 입에 쓰나 몸에는 이롭듯이 충고의 말은 귀에 거슬리나 행실에는 이롭다.

_공자

> 배우자를 통해 인생의 어떤 점을 배우게 됩니까?
> 이에 대한 나의 느낌은? _____

'배우자의 잔소리는 스승의 가르침으로 생각하고 따르도록 노력해 보세요.'

2일

아내는 칭찬에 목마르다

아내들도 가정에서 자신의 존재를 평가받고 인정받고 싶어 합니다. 남편들은 자기가 이발한 것을 아내가 알아보든 못 알아보든 관심이 없습니다. 그러나 아내들은 헤어스타일, 화장, 옷, 구두, 액세서리 같은 조그만 변화까지 남편이 먼저 알아차리고 칭찬해 주지 않으면 서운해합니다. 아내는 90%의 칭찬을 친구들과 수다로 채우고, 10%만 남편이 채워 주기를 기대한다면 훨씬 행복해질 수 있습니다. 남편의 관심이 아내에겐 기쁨이며 행복입니다.

칭찬은 인간의 영혼을 따뜻하게 하는 햇볕과 같아서 칭찬 없이는 자랄 수도 꽃피울 수도 없다. 그런데도 사랑하는 사람들에게조차 칭찬이라는 따뜻한 햇볕을 주는 데 인색하다.
_제스 레어

> 배우자가 내게 관심을 기울여 주거나 칭찬해 줄 때는 언제입니까? 이때 나의 느낌은? _____

'아내에게 매일 칭찬을 한 가지씩 해 주세요.'

3일

휴식은 삶의 오아시스

때로는 휴식이 일보다 중요할 때가 있습니다. 앞과 위만 보고 살다 보면 분명 주변에 놓치는 것들이 있습니다. 사랑과 우정과 진리는 옆과 뒤를 보아야 발견할 수 있습니다. 휴식은 게으름도, 멈춤도, 시간의 낭비도 아닙니다. 바빠서 여유가 없을 때일수록 휴식이 더욱 필요합니다.

휴식은 소진된 에너지를 재충전하고, 지나온 인생의 방향을 뒤돌아 보게 하여 삶의 열정을 다시 일으키는 의미 있는 시간입니다. 휴식은 인생의 사막을 건너다 잠시 멈춰 지친 몸과 마음을 회복하는 오아시스와 같습니다.

휴식의 참된 진미는 열심히 노력하는 사람만이 안다.

_존 포드

명절 연휴기간 동안 휴식을 취하면서 새롭게 느낀 점은 무엇입니까? 이에 대한 나의 느낌은? ＿＿＿＿＿

'신년 초에 부부는 함께 연간 휴가계획을 세우고 숙박할 장소 등을 사전에 예약해 두세요.'

4일

배우자가 잘하는 점에 민감해야

당신이 만일 배우자의 잘못을 찾으려 한다면, 언제나 잘못된 점을 발견하게 될 것입니다. 반대로 배우자가 잘하는 걸 찾으려 노력하면 상대방의 잘하는 점을 점점 더 많이 발견할 것입니다. 이는 당신이 뭘 찾으려 하는가에 따라 배우자를 바라보는 관점이 달라질 수 있음을 의미합니다. 배우자가 잘못하는 점에 민감하지 말고 잘하는 점에 민감해야 합니다. 그러면 배우자를 칭찬할 거리도 많아집니다.

행복의 대부분은 우리가 처한 환경이 아니라 우리가 보는 관점에 달려 있다.

_마사 워싱턴

배우자의 잘하는 점에 민감하기 위해 고쳐야 할 태도는 무엇입니까?
이에 대한 나의 느낌은? _____

'배우자에게 자신이 생각하고 있는 상대방의 이미지에 대해 솔직히 말해 주세요.'

5일

남자는 넘버 원, 여자는 온리 원

사람은 누구나 사랑받고 또 사랑하고 싶어 합니다. 하지만 남녀는 사랑에 대해 다른 시각을 갖고 있습니다. 남자는 '넘버 원'number one을, 여자는 '온리 원'only one을 꿈꾸기 때문입니다.

남자는 경쟁과 서열화가 본능이기에 계급과 신분에 집착합니다. 남자는 '최고의 남자'가 되기를 원하듯이, 여자는 다른 여자와 비교해 '특별한 여자'가 되고 싶어 합니다. 남편은 아내에게 "당신이 최고야!"라는 말을, 아내는 남편에게서 "내겐 오직 당신뿐이야!"라는 말을 가장 듣고 싶어 합니다.

한 번, 단 한 번, 단 한 사람을 위하여.
Once, only once, and for one only.
_로버트 브라우닝

> 나는 배우자에게 어떤 존재이고 싶습니까?
> 이에 대한 나의 느낌은? _____

'배우자가 가장 듣고 싶어 하는 사랑의 언어를 찾아서 그 말을 자주 해 주세요.'

6일

편견은 교만의 다른 얼굴

편견은 고정된 틀 안에 자신을 가두고 눈을 멀게 합니다. 편견이 지배하는 부부 관계는 새로운 것을 허용하지 않아 활력을 잃게 만듭니다. 있는 그대로의 배우자를 사랑할 수 없게 만드는 것도 편견입니다. 내가 가지고 있던 배우자에 대한 인식이 바뀌어 편견이 깨지면 상대방을 바로 볼 수 있습니다. 내 안의 편견을 항상 경계해야 합니다. 편견은 교만의 다른 얼굴입니다.

편견은 내가 다른 사람을 사랑하지 못하게 하고, 오만은 다른 사람이 나를 사랑할 수 없게 한다.

_제인 오스틴, 《오만과 편견》 소설 중에서

배우자가 나에 대해 편견을 가지고 대할 때는 언제입니까?
이때 나의 느낌은? _____

'부부가 서로 상대방이 나에 대해 가지고 있는 편견이 무엇인지 말해 주세요.'

행복은 따뜻한 말 한마디에서 시작

"당신이랑 함께 있으면 너무 좋아." 자신의 가치를 인정해 주는 아내의 한마디가 남편을 기쁘게 합니다. "나, 지금 식사하러 왔어. 당신도 점심 맛있게 먹어." 점심시간에 잠깐 아내에게 전화를 해 주는 남편의 따뜻한 마음도 아내를 행복하게 합니다. 행복은 비싼 선물이나 큰 노력이 아니라 배우자의 따뜻한 말 한마디에서 시작합니다.

행복하게 되고 싶은 사람은 남을 기쁘게 해 주는 방법부터 배워야 한다.
_M. 프리올

평소 나를 행복하게 해 주는 배우자의 따뜻한 한마디 말은 무엇입니까?
이에 대한 나의 느낌은? _____

'매일 배우자에게 따뜻한 말 한마디를 해 주세요.'

아내가 행복한 표정을 지을 때

결혼생활의 행복은 부부간의 사랑보다는 서로 얼마나 많은 대화를 나누는가에 달려 있습니다. 부부가 서로의 감정과 생활을 공유하지 않으면 결혼생활에 대한 회의와 갈등이 생기게 됩니다. 이런 경향은 아내 쪽이 더 민감합니다. 아내는 가정에서 일어나는 모든 일들을 남편과 의논하고 싶어 합니다. 아내와 의논해서 결정하는 남편의 습관이 행복에 이르는 지름길입니다. 아내가 행복한 표정을 지을 때, 그때가 남편은 가장 행복합니다.

행복이란 내가 갖지 못한 것을 바라는 것이 아니라 내가 가진 것을 즐기는 것이다.

_린 피러스

배우자가 가장 행복한 표정을 지을 때는 언제입니까?
이때 나의 느낌은? _____

'남편은 사소한 일이라도 아내와 반드시 상의하세요.'

9일

거부에 대한 두려움

남자들은 사랑을 주는 것을 두려워합니다. 그들은 자신이 한 행동이 잘못되는 것을 두려워합니다. 그래서 아내에게 거부당하면 자존심에 상처를 받습니다. 반면 여자들은 사랑을 받는 것을 두려워합니다. 그녀들은 남편에게 관심을 얻지 못할 때 관계가 단절되는 것에 대한 두려움으로 움츠러듭니다. 거부에 대한 두려움은 배우자의 선량함을 믿고 자신을 솔직히 개방할 때 극복할 수 있습니다. 자신이 원하는 것들은 항상 두려움의 반대편에 있습니다.

사랑을 두려워하는 것은 인생을 두려워하는 것이다. 그리고 인생을 두려워하는 사람은 이미 대부분 죽은 사람이다.
_버트런드 러셀

배우자에게 거부당했다는 생각이 들 때는 어떤 행동을 하게 됩니까? 이때 나의 느낌은? _____

'배우자가 거부하는 것은 내 말이나 행동이지, 나를 거부한 것이 아니니 거부를 두려워하지 마세요.'

침실에서 새로운 시도

결혼은 침실 안에서나 밖에서나 서로 사랑하겠다는 약속입니다. 성생활에 대한 새로운 시도는 부부의 성생활에 활기를 불어넣는 신선한 자극제입니다. 부부 관계 향상을 위한 침실에서의 새로운 시도는 부끄러울 게 없습니다. 부끄러워야 할 일은 새로운 시도가 아니라 사랑하는 배우자와의 관계가 시들어 가도록 수수방관하는 무책임한 태도입니다. 성행위는 남편과 아내를 연결해 주는 몸의 언어이며 사랑의 표현입니다.

멋진 섹스는 사랑을 아는 사람들에게 신이 내려 주신 선물이다. 그리고 당신은 그것을 누릴 자격이 있다.

_존 그레이

성생활에 활기를 불어넣기 위해 새롭게 시도해 보고 싶은 성행위는? 이에 대한 나의 느낌은? _____

'평소 생각하고 있었던 나의 성적 판타지를 배우자에게 솔직하게 말해 보세요.'

11일

부부의 경계선

경계선boundary은 서로가 인정하고 보호받는 사적 영역의 표시입니다. 부부의 경계선은 서로가 해서는 안 될 말이나 행동과 반드시 지켜야 할 규칙들을 말합니다. 부부의 경계선 예로는 '상대방의 허락 없이는 휴대폰이나 이메일을 열어서는 안 된다.' '처가와 시가는 모든 면에서 동등하게 대한다.' '밤 9시 전에 귀가한다.' 등을 들 수 있습니다. 이밖에도 자신이 보호받고 싶은 영역이 있으면 상대방에게 경계선의 필요성을 말해 인정받으면 됩니다. 건강한 부부일수록 부부의 경계선은 보장되고 유지됩니다.

경계선은 한 사람의 통제가 시작되고 끝나는 정확한 지점을 알려 준다.
_헨리 클라우드

배우자가 존중해 주지 않는 나의 경계선은 무엇입니까?
이에 대한 나의 느낌은? _____

'배우자에게 인정받고 싶은 나의 경계선은 어떤 것들이 있는지 적고, 이에 대해 상대방과 대화해 보세요.'

12일

작은 기념일 만들기

부부에게 기념될 만한 날을 찾아내서 자축하는 일은 결혼생활에 재미와 활력을 불어넣습니다. 부부가 처음 만난 날, 프로포즈한 날, 첫 데이트한 날 등 결혼생활에서 기억하고 싶은 작은 기념일은 얼마든지 만들 수 있습니다. 작은 기념일의 날짜는 정확하지 않아도 되고, 케이크나 선물을 준비하지 않아도 됩니다. 초콜릿을 건네거나, 축하 데이트를 하면서 그 날의 추억을 나누는 것만으로도 행복해집니다. 축하할 일이 많아지면 그만큼 행복도 커집니다.

당신의 순간순간이 소중하다, 당신은 충분히 잘하고 있고 당신이 살아가고 있는 것 자체가 축하받을 일이다.
_〈허프포스트〉 신문기사 중에서

우리 부부가 기념할 만한 작은 기념일에는 어떤 것들이 있습니까? 이에 대한 나의 느낌은? ＿＿＿＿＿＿

'매월 한 번 남편의 날과 아내의 날을 기념일로 정해서 자축해 보세요.'

13일

혼자 잘해 주고 상처받지 말자

상처는 언제나 내 편이라고 믿고 마음을 준 사람에게서 받습니다. '내가 이만큼 해 주었으니 배우자도 그 정도는 해 주겠지.'라며 기대할 때 상처를 받습니다. 내가 해 준 것만큼 상대방은 나에게 더 신경 써 주고 잘해 주지 않습니다. 상처는 상대방에 대한 나의 기대와 집착 때문에 생깁니다. 배우자에게 혼자 잘해 주면서 상처받지 말고, 알아주지 않아도 서운하지 않을 만큼만 마음을 주세요. 사랑은 자신을 내어주는 만큼 성장합니다. 사랑의 본질은 조건 없이 주는 자기희생입니다.

소인들은 사소한 것 때문에 수많은 상처를 받는다. 그러나 위대한 사람들은 사소한 것을 모두 이해하기 때문에 그런 것 때문에 상처를 받지 않는다.
_프란코이스 로체포우콜드

> 배우자에게 잘해 주고 상처를 받았을 때는 언제입니까?
> 이때 나의 느낌은? _____

'배우자에게 무언가를 해 주면서 내심 바라는 것이 있다면 상대방에게 말로 표현하세요.'

14일

가정에서 대화가 안 되는 이유

남자들이 가장 말을 적게 하고, 여자들이 가장 말을 많이 하는 곳이 가정입니다. 가정은 여자들이 선호하는 유대와 대등 관계, 공감을 바탕으로 대화를 나누기에 가장 적당한 곳입니다. 반면 독립과 상하 관계, 문제해결의 대화를 좋아하는 남자들에게 가정은 대화하기에 가장 부적당한 곳입니다. 그래서 아내들은 남편이 자신과 말을 잘하지도 않고 자신의 말에 귀를 기울이지 않는 것에 불만이 많습니다.

상대방의 일을 화재로 삼는다면 상대방은 몇 시간이든지 귀를 기울여 줄 것이다.
_벤저민 디즈레일리

배우자와 대화를 잘하기 위해 고쳐야 할 대화 습관은 무엇입니까? 이에 대한 나의 느낌은? _____

'남편이 아내와 대화할 때는 모든 것을 내려놓고 편하게 대화하세요.'

15일

진심이 느껴지는 위로

배우자가 힘들어할 때 위로해 주는 일은 생각만큼 쉽지 않습니다. 어떻게 위로할지 모를 때는 가식적인 말로 위로하기 보다는 함께 있어 주는 것만으로도 충분할 수 있습니다. 위로는 위로로 끝내야지 자칫 조언이나 충고하는 말은 오히려 역효과가 날 수 있습니다. 가장 큰 위로는 상대방의 진심이 느껴질 때입니다. 진심이 느껴지는 위로는 상대방에게 큰 힘이 되고 용기를 줍니다. 위로는 부부 사이를 친밀하게 만드는 접착제입니다.

하느님은 우리의 아픈 마음을 위로와 희망이라는 부드러운 베개로 받치고 계신다.
_주디 고든

배우자의 어떤 위로가 내 마음에 크게 와닿았습니까?
이에 대한 나의 느낌은? _____

'배우자에게 위로가 필요할 때는 마음을 다해 진심으로 위로해 주세요.'

16일

부부의 고유성

현대를 사는 우리는 독립된 삶을 사는 데 길들어져 부부가 소속하고 일치하는데 장애가 되고 있습니다. 두 개의 조개껍질이 한 개의 조개를 이루듯이, 부부는 둘이서 소속하고 일치하는 상호의존적 관계가 되어야 합니다.

이러한 부부 관계는 자신의 정체성을 지키면서 서로에게 생명을 주는 삶입니다. 부부는 서로에게 소속하여 동화됨으로써 부부의 정체성을 형성하여 부부만의 특별한 고유성을 가지게 됩니다. 그 고유성이 부부의 진정한 아름다움입니다.

결국 삶이란 당신이 되고자 했던 완벽한 인격체로 거듭나는 것이다.
_오프라 윈프리

어떤 점이 우리 부부만의 특별한 고유성이라고 생각합니까?
이에 대한 나의 느낌은? _____

'다른 부부와 비교되는 우리 부부만의 장점을 키워 보세요.'

17일

남편을 다루는 기술

아내는 자신의 욕구가 충족되었을 때 만족을 느끼고, 남편은 아내의 욕구를 채워 주었을 때 더 큰 만족을 느낍니다. 따라서 남편에게 끊임없이 뭔가를 해 주려는 아내보다는 받으면서 고마워할 줄 아는 아내가 남편의 사랑을 더 받습니다. 평소 남편이 해 주는 작고 사소한 배려에도 감동하고, 그 고마움을 적절하게 표현하는 방법이 '남편을 다루는 기술'입니다.

아내는 알아야 할 것이다. 남편이란 자신이 만들어낸 작품이라는 것을.
_오노레 드 발자크

내가 배우자에게 감동하고 고마운 마음을 갖게 될 때는 언제입니까? 이때 나의 느낌은? _____

'배우자가 내게 진정 원하는 것이 무엇인지 항상 생각하세요.'

18일

부부가 함께 좋은 습관 만들기

부부가 함께 좋은 습관을 만드는 일은 어렵습니다. 하지만 나쁜 습관을 고치는 일은 더욱 힘듭니다. 핵심 습관은 여러 나쁜 습관들을 한꺼번에 고칠 수 있는 좋은 습관을 말합니다. 저녁에 부부가 함께 산책하는 습관은 대화도 많이 할 수 있고, 함께 운동도 되고, 밤에 깊은 잠을 잘 수 있는 일석삼조의 핵심 습관입니다. 나쁜 습관은 좋은 습관에 의해 정복됩니다.

처음에는 우리가 습관을 만들지만 그다음에는 습관이 우리를 만든다.
_존 드라이든

우리 부부의 나쁜 습관들을 고칠 수 있는 핵심 습관을 하나만 찾는다면?
이에 대한 나의 느낌은? _____

'부부가 함께할 좋은 습관을 정해 즉시 실행에 옮겨 보세요.'

결혼하면 애착의 대상은 배우자

엄마는 아이의 울음이나 여러 신체적인 표현을 보고, 아이의 욕구를 알아내어 이를 채워 줌으로써 애착관계를 형성합니다. 유아기 때 애착의 대상이 부모였다면 결혼하면 애착의 대상은 배우자입니다.

부부는 서로 자신의 여러 욕구를 상대방에게 채워줄 것을 요구하는 이유는 애착관계이기 때문입니다. 부부의 애착관계는 서로가 상대방의 욕구들을 충족시켜 줌으로써 형성됩니다. 부부는 안정된 애착관계를 통해 심리적 안정을 얻고 서로에 대한 믿음도 생성됩니다.

애착관계는 마치 일을 마치고 되돌아오는 배와 안전한 항구의 관계와 같다. 항구에선 배가 설 수 있고 다시 정비될 수도 있다.
_이남옥

우리 부부의 애착관계는 안정적 또는 불안정한 관계 중에 어느 편입니까?
이에 대한 나의 느낌은? _____

'배우자와의 안정적인 애착관계를 위해 상대방의 욕구에 민감하게 반응하고 이를 채워 주도록 노력하세요.'

일 중심적인 남편, 관계 중심적인 아내

남자들은 일 중심적입니다. 그들은 일을 통해 자신의 존재 가치를 확인합니다. 남편은 하고 있는 일이 안 될 때 자신감을 잃습니다. 이럴 때 아내는 남편을 위로하기보다는 함께 해결책을 찾는 노력이 그에게는 힘이 됩니다. 여자들은 관계 중심적입니다. 그녀들에게 관계의 중심은 가족입니다. 아내가 가족을 챙기는 건 생활 그 자체입니다. 아내가 육아나 집안일로 스트레스를 받고 있을 때, 남편이 그 일들을 적극 도와주면 아내는 진심으로 고마워합니다.

배우자는 서로 다른 역할을 갖고 있다. 타오르는 태양처럼 강렬한 힘이 필요할 때도 있고, 마음을 진정시키는 달빛의 고요한 지혜가 필요할 때도 있다. 서로 협력하고 도와가는 상호 보완적인 관계는 참으로 아름답다.
_이케다 다이사쿠

> 내 삶이 힘들다고 느껴질 때는 배우자에게 어떤 도움을 기대합니까?
> 이에 대한 나의 느낌은? _____

'배우자가 내게 해 주기를 바라는 것이 있다면 솔직히 말해 주세요.'

21일

성격 차이

부부들은 자신이 가지고 있지 않는 부분에 매력을 느껴 반대 성향을 가진 사람과 결혼하는 경우가 많습니다. 성격 차이는 매력과 갈등의 양면이 있습니다. 성격 차이가 갈등으로 치닫는 이유는 자신은 옳고 상대방이 틀렸다고 우기기 때문입니다. 서로를 인정해 주지 않기에 갈등은 멈추지 않습니다.

성격 차이로 갈등을 겪는 부부들은 성격 차이 때문이 아니라 이를 극복하는 해결방법을 찾지 못해서입니다. 성격 차이가 심한 부부라도 서로의 차이점을 인정하고 이해해 주면 오히려 권태기 없이 재미있게 잘 살 수 있습니다.

하루의 모든 순간에 사랑이 필요하고 용서가 필요하고 화해가 필요하다.
_이해인

배우자와 성격 차이로 인해 내가 겪는 갈등에는 어떤 것들이 있습니까?
이에 대한 나의 느낌은? _____

'부부는 갈등을 해결하는 방법을 배워서 성격 차이를 극복해 보세요.'

부부싸움은 치열한 대화

부부싸움은 다툼이 아니라 치열한 대화입니다. 치열하다 보면 감정이 격화되어 대화의 본래 목적에서 벗어나 상대 배우자에게 상처를 줄수 있습니다. 부부가 대화하는 목적은 서로를 이해하고 친밀해지기 위해서입니다. 그 목적에서 벗어나지 않도록 자기 부부만의 규칙을 만들어 그 안에서 가볍게 싸워야만 합니다. 가벼운 부부싸움은 사랑의 조미료입니다.

부부싸움이란 서로에게 가지고 가는 결혼지참금과도 같은 것이다.
_오비디우스

우리 부부에게는 어떤 부부싸움의 규칙들이 있습니까?
이에 대한 나의 느낌은? _____

'우리 부부만의 건강한 부부싸움을 위한 규칙을 만들어 보세요.'

해석의 언어, 감성의 언어

"당신, 너무한 것 아냐?" 이 말을 들은 배우자는 "그래, 내가 뭘 잘못했는데?"라며 즉시 불쾌한 반응을 보입니다. 자신의 생각을 말하는 해석의 언어는 상대방에게 방어적인 반응을 하도록 만듭니다.

"당신한테 정말 서운해요."라는 당신의 말은 배우자로 하여금 "나의 어떤 점이 당신을 섭섭하게 했어요?"라고 되묻게 합니다. 자신의 느낌을 말하는 감성의 언어는 상대방에게 수용적인 반응을 하게 합니다. 부부 대화는 생각을 말하는 해석의 언어보다는 느낌을 말하는 감성의 언어를 사용해야 제격입니다.

말도 아름다운 꽃처럼 그 색깔을 지니고 있다.
_E. 리스

배우자가 어떤 말을 할 때 수용적인 태도를 취하게 됩니까?
이에 대한 나의 느낌은? _____

'배우자에게 말할 때는 생각을 말하는 해석의 언어보다는 느낌을 말하는 감성의 언어를 사용하도록 노력하세요.'

24일

부부는 서로의 감정을 공유한다

인간이 타인의 행동을 이해하고, 타인의 감정을 공감하는 이유는 뇌 신경세포인 거울 뉴런mirror neuron 때문입니다. 특히 함께 사는 부부는 서로의 행동을 닮거나 감정의 공유를 잘하게 됩니다.

부부는 자신의 부정적인 감정을 표현하지 않아도 상대방은 이를 즉시 알아차립니다. 사이가 좋은 부부일수록 상대방의 감정이 잘 전달됩니다. 또한 분노나 스트레스 같은 부정적인 감정일수록 빠르게 전염됩니다. 부부는 사소한 감정이라도 감추지 않고 함께 나눌 때 편안함과 동질감을 느낍니다.

외적인 영향에 좌우되고 싶지 않다면 먼저 자기 자신의 격렬한 감정부터 초월해야 한다.
_사무엘 존슨

배우자의 부정적인 감정을 느껴질 때는 어떤 반응을 보이게 됩니까? 이때 나의 느낌은? _____

'부부는 서로의 감정을 숨기지 말고 자신의 느낌을 상대방에게 표현해 주세요.'

25일

사랑을 지키려면

마음은 자신의 시간과 돈을 투자하는 대로 이끌리기 마련입니다. 결혼 전 당신의 마음은 배우자와 함께 시간을 보내면서 온전히 향했을 것입니다. 하지만 지금 배우자에 대한 사랑하는 마음이 줄었다면, 이제 배우자에 대한 투자를 그만큼 줄였기 때문입니다.

지난 한 주 동안 당신이 어디에 또는 누구에게 시간과 돈을 투자했는지 점검해 보면 자신이 마음을 두는 우선순위를 알 수 있습니다. 당신은 시간과 돈을 일보다는 가족에게 더 많이 투자할수록 사랑을 지킬수 있습니다.

생각한 대로 살지 않으면, 사는 대로 생각하게 된다.

_폴 발레리

지난 한 주 동안 어디에 또는 누구에게 가장 많은 시간과 돈을 투자하였습니까?
이에 대한 나의 느낌은? _____

'오늘만이라도 배우자에게 온전히 마음을 기울여 많은 시간을 함께 보내세요.'

—————————————————————————————— *10월*

결혼생활에서 남자들이 성숙하지 못한 이유

여자들은 결혼생활이 힘들거나 어려움이 있으면 친구나 가족들과 이야기를 나누면서 도움을 받습니다. 하지만 남편들은 자존심 때문에 다른 사람에게 말하지 못하고 혼자 해결하려고 합니다. 그래서 남자들은 결혼생활을 오래 했어도 대개 남편으로서는 성숙하지 못한 면이 있습니다. 남자들이 남편으로서 역할을 잘하기 위해서는 늘 아내에게 배워야 합니다. 아내의 말에 귀 기울이는 남자가 성숙한 남편입니다.

남자들이 어린아이와 같다는 것을 안다면, 모든 것을 알고 있는 것이다.
_코코 샤넬

> 배우자가 집안일이나 가족과의 관계에서 성숙하지 못한 점을 보일 때는?
> 이때 나의 느낌은? _____

'부부가 서로 상대방의 성숙하지 못한 점이 무엇인지 터놓고 대화해 보세요.'

부부가 배워야 할 세 가지 기술

결혼하면 별다른 노력 없이 행복해질 수 있을 거라는 환상이 결혼생활을 벼랑으로 내몰리게 합니다. 행복한 결혼생활을 위해 부부가 꼭 배워야 할 세 가지는 '사랑하는 기술', '대화하는 기술' 그리고 '싸우는 기술'입니다. 이 세 가지 기술의 공통점은 이기심을 버리고 상대방이 원하는 대로 따라주는 것입니다. 결혼생활에 필요한 기술은 지식이 아니라 삶의 지혜에서 나옵니다.

상대가 필요한 것이 무엇인가를 아는 것이야 말로 사랑의 기술이다.
_에리히 프롬

행복한 결혼생활을 위해서 가장 필요하다고 생각되는 기술은 무엇입니까?
이에 대한 나의 느낌은? _____

'결혼생활도 아는 만큼 잘 삽니다. 결혼생활이나 부부 관계에 관한 책을 구입해서 열심히 공부하세요.'

28일

잠자기 전 부부 의식

부부는 잠자리에 들기 전 함께하는 시간을 부부만의 의식儀式으로 만들 필요가 있습니다. 부부 의식의 예로는 부부가 함께 잠옷으로 갈아입고 스트레칭을 하거나 서로에게 해 주는 마사지도 좋습니다. 어떤 부부는 아이스크림을 함께 먹으면서 옆집 아줌마나 직장상사의 흉을 보면서 스트레스를 풀고 잠자리에 든다고 합니다. 이러한 잠자기 전 부부 의식은 둘만의 유대감과 친밀감을 높여 주는 사랑의 이벤트입니다.

성공적인 결혼생활을 하려면 여러 번 사랑에 빠지는 것을 필요로 한다. 항상 똑같은 사람과 여러 번.

_미뇽 맥롤린

잠들기 전에 부부만의 의식을 만들고 싶다면, 어떤 의식을 하고 싶습니까?
이에 대한 나의 느낌은? _____

'부부가 잠자기 전에 함께하는 부부 의식을 한 가지 만들고 실행에 옮겨 보세요.'

아내가 화났을 때 하는 말

여자들은 화가 나면 감정이 격해져 마음에도 없는 말을 할 때가 있습니다. 심지어 속마음과 정반대되는 표현을 사용하기도 합니다. 남편에게 극도로 화가 난 아내가 "이럴 바엔 차라리 헤어져요."라고 말했다면 "속이 터지네요. 제발 내 말 좀 들어 주세요."라는 말을 에둘러 표현한 것뿐입니다. 아내는 스스로 말할 기분이 나지 않을 때는 자극적인 말을 통해 남편의 태도를 변화시키려고 합니다. 남자의 언어는 직선이고, 여자의 언어는 곡선입니다.

여자는 자기가 사랑하는 남자의 얼굴을 마치 선원이 바다를 알듯 잘 알고 있다.
_오노레 드 발자크

내가 배우자에게 속마음과 다르게 말할 때는 언제입니까?
이때 나의 느낌은? _____

'배우자에게 화를 낼 때는 먼저 내 마음이 어떤 상태인지부터 살피세요.'

긍정적인 첫마디

긍정적인 첫마디는 상대방의 말문을 트이게 만들고 대화를 풀어나
가게 하는 마중물입니다. 부부간의 대화도 첫마디가 중요합니다. 대
화의 첫마디가 긍정적이면 대화 내용도 부드럽게 진행될 가능성이 높
습니다. 이렇게 배우자에게 다가가는 대화는 상대방의 경청, 공감, 호
응, 관심을 불러일으켜 대화를 즐겁게 만듭니다. 배우자와 대화의 첫
마디를 항상 관심과 칭찬 그리고 감사의 말로 시작해 보면 어떨까요?

당신의 언어를 바꾸세요. 그러면 당신의 세상이 바뀝니다.
_화자 미상

배우자가 어떤 말로 대화의 첫마디를 시작할 때 가장 기분이 좋
습니까?
이에 대한 나의 느낌은? _____

'부부 대화는 항상 서로에 대한 칭찬과 감사의 말로 시작하세요.'

31일

베갯머리 대화

부부가 하루 중에 나누는 가장 진솔한 대화는 베갯머리 대화입니다. 함께 침대에 누워 나누는 베갯머리 대화는 부부만의 이야기로 한정하고, 사건의 내용보다는 서로의 느낌으로 속마음을 나누는 데 초점을 두어야 합니다. 베갯머리 대화는 서로의 마음을 열게 하여 뜨거운 잠자리로 이어지게 하는 한 잔의 코냑과도 같습니다.

부부는 문제가 있으면 가장 작은 것이라도 이야기해야 한다. 그리고 배우자의 문제나 조언, 제안에 귀를 기울여야 한다. 성공적인 결혼생활의 열쇠는 대화에 있다.
_메릴 스트립

> 잠자기 전 침대에서 배우자와 어떤 내용의 대화를 나누고 있습니까?
> 이에 대한 나의 느낌은? _____

'베갯머리 대화는 오늘 있었던 즐거운 이야기만을 나누세요.'

아내를 위한 보약 20첩

1첩 여보! 사랑해요.

2첩 당신 음식솜씨는 정말 일품이야.

3첩 역시 나는 처복이 많아.

4첩 당신 갈수록 예뻐지는 것 같아.

5첩 요즘 많이 힘들지?

6첩 옷차림이 모델 뺨치겠는데.

7첩 다 당신 기도 덕분이야.

8첩 당신 옆모습은 마치 그림 같아.

9첩 다시 태어나도 나는 당신밖에 없어.

10첩 언제 이런 것까지 배웠어? 대단하네.

11첩 당신 보고 있으면 감탄사가 절로 나와.

12첩 눈에 넣어도 아프지 않아.

13첩 당신 못하는 게 없어.

14첩 당신 멀리서도 한눈에 띄어.

15첩 당신 뭘 입어도 폼이 난다니까.

16첩 당신 처녀 때나 지금이나 변함이 없어.

17첩 당신 기억력 보통이 아니야.

18첩 당신이 웃을 때면 사춘기 여고생 같아.

19첩 당신 잠든 모습 보면 천사 같아.

20첩 내가 당신 안 만났으면 어떻게 되었을까?

11월
NOVEMBER

11월

NOVEMBE

1일

용서는 자신에게 베푸는 선물

함께 사는 부부는 크고 작은 상처를 서로 주고받을 수밖에 없습니다. 대부분 상처들은 시간이 지나면 없어지지만 그래도 남아 있는 상처가 있습니다. 기억이 떠오를 때마다 배우자에 대해 미움과 분노가 꿈틀대는 아물지 않은 상처입니다. 부정적인 감정을 해소하지 않은 채 덮어버린 상처는 낫지 않습니다. 나에게 상처를 준 배우자를 마음으로부터 용서할 때 상처는 치유됩니다. 용서는 자기 자신에게 베푸는 가장 큰 선물입니다.

용서는 상대방의 잘못을 더 이상 기억하지 않는 것이다.
_인디언 격언

배우자가 준 상처 중에 치유되지 않고 남아 있는 상처는 무엇입니까?
이에 대한 나의 느낌은? _____

'최근에 배우자에게 내가 받은 상처를 말해 주고 용서해 주세요.'

2일

칭찬은 귀로 먹는 보약

배우자의 사랑을 받으려면 칭찬하는 법을 배워야 합니다. 아내는 자신이 신경 쓰는 부분을 콕 집어서 칭찬해 주는 말에 감동합니다. 남편은 그만의 장점을 찾아 칭찬해 주면 좋아합니다. 배우자의 칭찬은 다른 어떤 사람의 칭찬보다 크게 들립니다. 배우자를 비난하거나 비교하지 않고 사소한 점이라도 진심으로 칭찬해 줄 때 상대방은 더욱 성장합니다. 칭찬은 귀로 먹는 보약입니다.

좋은 칭찬 한마디면 두 달을 견뎌 낼 수 있다.
_마크 트웨인

나는 배우자가 어떤 칭찬을 해 주길 기대합니까?
이에 대한 나의 느낌은? _____

'칭찬하는 데도 기술이 필요합니다. 함께 칭찬하는 방법을 배우세요.'

대화 스타일의 차이

남자들은 상대가 자신의 의견에 동의하거나 경청해 주기를 기대하기 때문에 명령조나 강의식으로 말하는 경향이 있습니다. 여자들은 자신의 의견에 귀 기울여 주고 공감을 원하기 때문에 부탁조나 청유형으로 말하는 편입니다.

아내들은 자신을 가르치듯 말하는 남편의 말투에 참지 못합니다. 남편들도 아내의 지시하는 말투에 발끈합니다. 부부는 대화 스타일 다를 뿐이지 서로가 틀린 게 아닙니다. 남자는 보고하는 대화 스타일을, 여자는 상대방과 교감하는 대화 스타일을 선호합니다.

다른 사람의 말을 신중히 듣는 습관을 길러라. 그리고 될 수 있는 한, 말하는 사람의 마음속으로 빠져들어라.
_마르쿠스 아우렐리우스

배우자의 대화 스타일 중에 어떤 점을 고쳐 주기 바랍니까?
이에 대한 나의 느낌은? _____

'배우자가 싫어하는 나의 말투나 대화스타일이 무엇인지 알아보고, 이를 고치도록 노력하세요.'

4일

주도권 다툼

부부간에는 통장 관리, 육아 및 집안일 분담, 가정 내 대소사 결정에 이르기까지 많은 문제에서 견해차가 발생합니다. 이럴 때 주도권을 가진 편에서 자신의 의견을 관철하려고 들 때 다툼이 일어납니다.

주도권은 부부간에 권력 배분의 문제입니다. 부부는 동등한 관계이기 때문에 어느 한편에서 일방적으로 주도권을 행사하게 되면 상대방은 불만을 갖게 됩니다. 남편은 가정의 주도권을 아내에게 넘겨주고 함께 의논해 가는 가정이 가장 이상적입니다. 아내가 존중받는 가정이 성장합니다.

건강한 가정은 문제가 없는 가정이 아니라 문제가 있음에도 불구하고 성장하는 가정이다.

_수잔 존슨

서로의 주도권 중에 논의가 필요한 부분은 무엇입니까?
이에 대한 나의 느낌은? _____

'배우자와 아직 해결되지 않은 주도권은 상대방에게 무조건 양보해 주세요.'

여자는 드라마, 남자는 뉴스

아내가 옆집에 놀러가 커피를 마시면서 듣는 이야기나 남편이 술자리에서 친구들에게 듣는 이야기는 비슷합니다. 여자들은 '다른 사람들'이 어떻게 살아가고 있는지 알지 못하면 소외될까 봐 두려워합니다. 남자들은 '세상'이 어떻게 돌아가고 있는지를 알지 못하면 남보다 뒤처지는 것 같아 조급함을 느낍니다. 그래서 여자들은 드라마에 빠지고 남자들은 뉴스를 즐겨봅니다.

결혼할 때 이런 질문을 해 봐라. 늙어서까지도 이 사람과 대화를 할 수 있을까? 이외 다른 모든 것은 일시적일 뿐이다.
_프리드리히 니체

배우자가 드라마 또는 뉴스를 즐겨 보는 이유는?
이에 대한 나의 느낌은? _____

'풍요로운 부부 대화를 위해 배우자가 즐겨 보는 TV 프로그램에도 관심을 가지세요.'

6일

고정관념

우리는 자기를 기준으로 생각하고 보려하기 때문에 자기도 모르게 고정관념이 형성됩니다. 바로 이런 고정관념이 배우자를 바로 보지 못하게 합니다. 매력은 새롭고 특별한 것에 대한 관심입니다. 내 눈에 평범하게 보이는 배우자도 다른 사람 눈에는 매력적으로 보일 수 있습니다. 배우자에 대한 고정관념을 버리기 위해서는 상대방의 부정적인 면보다 긍정적인 면을 보도록 사고습관을 바꿔야 합니다. 고정된 생각이 고정된 관계를 만듭니다.

분명하게 보기 위해서는 보는 방향만 바꾸는 것으로도 충분한 경우가 많다.

_페터 알텐 베르그

> 배우자에 대한 고정관념은 무엇이 있습니까?
> 이에 대한 나의 느낌은? _____

'배우자의 단점보다는 장점만을 보도록 자신의 관점을 바꿔 보세요.'

행복한 부부는 유머코드가 같은 부부

유머는 비교 불가능한 매력입니다. 유머는 다른 매력들보다 개인적이고 주관적인 면이 강합니다. 부부가 같은 것을 보고 자주 웃는다는 건 그만큼 두 사람의 가치관과 성향이 비슷하다는 걸 의미합니다. 유머가 만들어 내는 장난기와 유쾌함은 부부 관계를 긍정적으로 변화시키고 친밀감을 높여줍니다. 행복한 부부는 유머코드가 같은 부부입니다. 웃음은 빙산도 녹입니다.

여성은 나이가 들수록 더욱더 화장품에 의지하게 된다. 그러나 남성은 나이가 들수록 더욱더 유머에 의지하게 된다.

_조지 진 네이던

유머 소재를 개발하는 데 어려운 점은 무엇입니까?

이에 대한 나의 느낌은? _____

'부부가 매일 번갈아 가면서 재미있는 유머로 대화를 시작해 보세요.'

8일

낭만적인 사랑

모든 부부들이 꿈꾸는 낭만적인 사랑은 결코 먼 곳에 있지 않습니다. 바로 그들의 마음 안에 있습니다. 좋은 집에서 살아도 서로에게 바라는 것이 많고 두 사람의 마음이 다르다면 그 안에는 사랑이 없습니다. 그러나 단칸방이라도 그 안에 사랑이 있고 두 사람이 한마음이면 그게 낭만적인 사랑이고 진정한 행복입니다. 낭만적인 사랑은 자신의 마음 안에 꿈꾸던 사랑을 스스로 꽃피우는 것입니다.

사랑의 고뇌처럼 달콤한 것이 없고, 사랑의 슬픔처럼 즐거움은 없으며, 사랑의 괴로움처럼 기쁨은 없고, 사랑에 죽는 것처럼 행복은 없다.
_에른스트 모리츠 아른트

내가 꿈꾸는 낭만적인 사랑을 구체적으로 표현해 본다면?
이에 대한 나의 느낌은? _____ .

'평소 내가 꿈을 꾸어 왔던 낭만적인 사랑을 지금 배우자와 함께 해 보세요.'

건강한 타협

상대방과 마찰을 피하기 위해 지나치게 양보하거나, 자신을 희생하는 타협은 자기를 병들게 하고 부부 관계의 성장도 막습니다. 건강한 타협은 무조건 자신의 주장을 고집하지도, 그렇다고 상대방의 의견을 무조건 수용해 희생하는 것이 아닌 그 중간 지점 어디쯤에서 타협점을 찾습니다. 부부의 타협은 옳은 것보다 서로가 행복해지는 방법을 찾는 지혜입니다. 타협의 대상이 되는 문제도 부부 자신보다 우선할 수 없습니다.

가능해 보이는 것, 타당해 보이는 것만 선택한다면 타협만 남게 된다.
_로버트 프리츠

우리 부부의 건강한 타협을 위해 고쳐야 할 점은 무엇입니까?
이에 대한 나의 느낌은? _____

'배우자와 타협을 위해 상대방에게 무조건 양보를 하지 마세요.'

10일

부부의 성생활

남편은 성을 통해 사랑하는 아내에게 인정을 받아 자신감을 키우고 싶어 합니다. 그래서 성관계로 자신의 강함을 나타내려고 합니다. 아내는 성을 통해 사랑하는 남편과 일치감을 느끼며 사랑을 확인하고 싶어 합니다. 그래서 성행위하는 과정에서 상대방과 정서적 교감을 중요하게 생각합니다. 부부의 성생활은 자신의 욕구 충족만을 위해서가 아니라 배우자를 만족시키면서 함께 즐기는 아름다운 사랑의 행위입니다.

성은 한 사람의 최고의 것을 상대방에게 주는 신비스런 기회이다.
_닉 더글라스

배우자에게 성적 만족감을 채워 주기 위해서 어떤 노력을 하고 있습니까?
이에 대한 나의 느낌은? _____

'부부가 성생활에 대해 터놓고 대화하는 시간을 가져 보세요.'

부부 사이에 깨지 말아야 할 세 가지

부부 사이에 깨지 말아야 할 세 가지는 약속, 믿음, 신뢰입니다. 부부 관계의 기본은 약속을 지키는 것부터 시작됩니다. 상대방의 말이 행동으로 이어질 때 믿음과 신뢰가 형성됩니다. 부부가 믿음과 신뢰를 쌓는 데는 오랜 시간이 걸리지만 무너지는 데는 한순간입니다. 신뢰는 믿음으로 쌓아가고 의심으로 무너집니다. 그렇기 때문에 부부 사이에는 투명하고 거짓이 없어야 합니다. 자신에게 정직하지 않은 사람은 배우자를 믿지도 신뢰하지도 않습니다.

신뢰 없이 삶을 살아가는 것은 불가능하다. 이것은 자기 자신 안에 갇히는 최악의 감옥이다.

_그레이엄 그린

> 배우자에게 어느 정도(10점 기준) 신뢰를 받고 있다고 생각합니까?
> 이에 대한 나의 느낌은? _____

'배우자에게 항상 약속을 지키고, 거짓이 없이 정직하게 대하세요.'

12일

황혼의 위기

부부는 자녀를 키우는 시기에 연애의 파트너보다는 양육 파트너로서의 역할에 치중하게 됩니다. 그러나 두 가지 사이에 균형을 이루지 못한다면 자녀들이 독립하는 시기에 위기를 맞게 됩니다. 자녀가 독립하면 평소 정서적인 교감을 나누고 사는 부부에게는 신혼 시절로 되돌아갈 수 있는 기회이지만, 그렇지 못한 부부는 황혼의 위기에 처할 수 있습니다. 황혼의 위기에서 벗어나려면 서로의 관심사에 대해 자주 대화를 하고, 공통의 취미를 가져 함께하는 시간을 늘리도록 노력해야 합니다.

그 얼마나 많은 부부가 결혼으로 인해 서로 멀어지게 되었던가.
_알프레드 카퓨

자녀들이 출가한 후 우리 부부 또는 부모에게 어떤 변화가 있었습니까?
이에 대한 나의 느낌은? _____

'부부가 공동의 취미를 가져 대화 시간과 함께 지내는 시간을 늘려 보세요.'

처음 한 번이 어렵다

배우자에게 자신의 마음을 온전히 터놓지 못하는 이유는 배우자가 실망할까 봐, 무시할까 봐, 싫어할까 봐, 거부할까 봐 하는 두려움 때문입니다. 상대방의 반응이 두려워서 자신의 감정을 숨기기 시작하면 정서적으로 멀어질 수밖에 없습니다. 뭐든 처음 한 번이 어렵습니다. 위험을 무릅쓰고 자신의 속마음을 한 번 개방하고 나면 그다음은 그다지 어렵지 않습니다. 서로가 개방하지 않으면 친밀해지지 않습니다.

커피의 쓴맛과 설탕의 단맛처럼 감정도 똑같다. 쓸모없는 감정은 없다. 단지 조절해야 할 감정만 있을 뿐이다.
_고가 후미다케

> 배우자에게 나의 어떤 감정을 내보이고 싶지 않습니까? 그 이유는?
> 이에 대한 나의 느낌은? _____

'배우자에게 미처 말하지 못한 얘기가 있다면, 오늘 용기를 내어 고백해 보세요.'

14일

배우자에게 상처 주는 사람

나이가 들어도 항상 배우자를 탓하고 상처를 주는 미성숙한 사람들이 있습니다. 이들은 어릴 때 받은 상처가 치유되지 않은 상태로 정신적인 성장이 멈추었기 때문입니다. 우리는 무의식적으로 자신의 상처를 치유해 주거나 결핍을 채워줄 사람으로 배우자를 선택합니다. 부부 관계가 원만하지 않는 사람은 자신의 성장 과정에 대한 깊은 성찰이 필요합니다.

미성숙한 사랑은 말한다. "나는 당신이 필요해서 사랑한다." 성숙한 사랑은 말한다. "나는 사랑하기에 당신이 필요하다."
_에리히 프롬

내가 배우자를 선택한 이유와 성장 과정에서 받은 상처는 어떤 연관이 있다고 생각합니까?
이에 대한 나의 느낌은? _____

'서로의 성장 과정에서 부모나 주위 사람들에게 받았던 상처에 대해 대화해 보세요.'

15일

결혼에 대한 시각을 바꾸면

인생은 행복과 고통의 연속입니다. 따라서 행복만을 추구하는 결혼 생활은 쉽게 좌절할 수 있습니다. 그러나 결혼에 대한 시각을 행복이 아닌 성장의 관점으로 생각하면 달라집니다. 결혼생활에서 오는 고통을 성장통으로 받아들이면 이를 견디거나 이겨낼 방법을 찾으려 애쓸 것입니다. 사랑은 고통을 밑거름으로 성장합니다. 결혼생활은 두 사람이 사랑 안에서 서로 성장해 가는 긴 여정입니다.

결혼이란 하늘에서 맺어지고 땅에서 완성된다.
_존 릴리

결혼생활을 행복과 성장 중에 어떤 시각으로 보고 있습니까?
이에 대한 나의 느낌은? _____

'결혼에 대한 자신의 관점을 행복보다는 성장의 시각으로 바꿔 보세요.'

16일

부부의 인연

이 세상에 100점짜리 배우자는 없습니다. 내가 100점짜리 배우자가 될 수 없는 것처럼 상대방이 완벽해지기를 바라는 것은 욕심입니다. 이러한 환상을 버려야 비로소 있는 그대로의 배우자 모습이 보이기 시작합니다. 서로가 부족하니 이해와 배려로 채워 가며 사는 인연이 부부입니다. 인생이 다하는 마지막까지 함께하는 인연도 부부입니다. 이처럼 부부의 인연은 세상에서 가장 귀하고 소중합니다.

행복한 결혼은 완벽한 부부가 만났을 때 이루어지는 것이 아니다. 불완전한 부부가 서로의 차이점을 즐거이 받아들이는 법을 배울 때 이루어지는 것이다.
_데이브 모이러

배우자의 부족한 점을 어떻게 채워 주려고 노력하고 있습니까? 이에 대한 나의 느낌은? _____

'부부는 서로가 이해와 배려로 상대방의 부족한 점을 채워 주세요.'

17일

부부 관계는 두 사람의 상호작용

부부 관계는 두 사람의 상호작용에 의해 이루어집니다. 부부가 서로의 애기를 잘 들어주고 호응을 잘하는 수용적인 태도는 긍정적 상호작용입니다. 반대로 부정적 상호작용은 서로를 무시하고 비난하며 회피하는 방어적인 태도를 말합니다. 부부 관계의 개선은 자신의 성격을 바꾸는 것이 아니라 배우자와 문제가 되는 특정 상호작용을 긍정적으로 변화시키는 것입니다.

우리는 자신을 완성하기 위해 다른 사람을 필요로 한다.
_아리스토파네스

우리 부부의 상호작용에서 개선이 필요한 부분은 무엇입니까?
이에 대한 나의 느낌은? _____

'부부 관계에 부정적인 영향을 미치는 상호작용 패턴을 바꾸도록 함께 노력하세요.'

18일

배우자에 대한 100가지 감사 쓰기

배우자에 대한 '100가지 불평'은 쓰기 쉬워도 '100가지 감사'는 정말 쓰기 어렵습니다. 한꺼번에 쓰려고 하지 말고 틈나는 대로 배우자의 고마운 점을 생각하면서 써보세요. 하나씩 쓰다 보면 배우자의 장점을 보는 눈이 점점 열리게 됩니다. '100가지 감사'를 쓰다 보면 배우자에게 감사할 일이 너무 많아 새삼 놀라게 됩니다. '100가지 감사'는 배우자에게 주는 감동의 선물입니다. 감사는 부부 관계를 더욱 풍요롭게 합니다.

감사일기를 만들어 매일 밤 고마운 것들 5가지를 적어라. 새로운 희망을 갖게 될 것이다.
_오프라 윈프리

> 배우자에 대한 100가지 감사를 쓴다고 할 때 어떤 생각이 듭니까?
> 이때 나의 느낌은? _____

'배우자의 생일이나 결혼기념일에 '배우자에 대한 100가지 감사'를 편지지에 써서 예쁜 봉투에 담아 선물해 주세요.'

19일

11월*11월*

남편에게 작은 기쁨을 안겨 주는 기술

남편이 해 줄 수 있는 작은 것을 요구하는 아내의 배려가 남편에게 기쁨을 안겨 줍니다. "여보! 나 먹고 싶은 게 있어요. 당신 퇴근길에 귤 한 봉지 사다 줄래요?" 부담 없이 언제든지 해 줄 수 있는 아내의 심부름이 남편에게 작은 기쁨을 안겨 주는 기술입니다.

남편의 마음 안에는 어렸을 때 심부름을 다녀와서 엄마가 칭찬해 주기를 바라는 초롱초롱한 눈망울의 어린아이가 남아 있습니다. 사랑하는 아내를 위한 심부름은 언제나 기쁘고 설레는 작은 행복입니다.

남자의 마음을 자극하는 단 하나의 사랑의 명약, 그것은 알뜰하고 진심에서 오는 배려. 남자는 언제나 그것에 굴복한다.
_메난드로스

> 배우자가 부탁한 심부름 중에 어떤 심부름이 가장 마음에 듭니까? 이때 나의 느낌은? ＿＿＿＿

'배우자가 부담 없이 들어줄 수 있는 심부름을 자주 부탁하고, 들어주었을 때는 고맙다는 말을 꼭 해 주세요.'

20일

동굴에 머물려는 남편, 조바심을 내는 아내

남편들은 퇴근해서 집에 오면 자신만의 공간에서 혼자 머물면서 에너지를 재충전하는 시간이 필요합니다. 반대로 아내들은 남편이 오면 그날 있었던 머릿속 생각들을 정리하기 위해 이야기를 나누고 싶어 합니다. 남편은 기다리는 아내를 생각해서 동굴에서 머무는 시간을 줄여 주는 배려가 필요하고, 아내는 남편이 스스로 동굴에서 나올 때까지 조바심을 내지 말고 차분히 기다려 주는 인내심이 필요합니다. 배우자는 나와 같지 않다는 점을 받아들이면 갈등을 줄일 수 있습니다.

부부란 그들을 구성하는 두 사람 중 보다 낮은 쪽의 수준에 따라 생활하게 된다.
_앙드레 모루와

남편이 또는 아내가 퇴근해서 집에 오면 무엇부터 하고 싶습니까?
이에 대한 나의 느낌은? _____

'아내는 남편이 퇴근하면 혼자 있도록 배려해 주고, 남편은 아내가 하루에 있었던 이야기를 말을 할 수 있게 잘 들어 주세요.'

21일

오해와 이해

부부도 대화를 하지 않고 혼자 삭히다 보면 오해할 일이 많아집니다. 그러나 대화를 하다 보면 오해가 이해로 바뀌게 됩니다. 이해는 오해 보다 항상 늦게 옵니다. 부부 사이에 대화가 없으면 오해는 쌓이기 마련입니다. 오해는 거부당할 때처럼 슬픈 마음을 갖게 하지만, 이해는 사랑받을 때처럼 기쁨을 줍니다. 어떤 오해도 상대방 입장이 되어 세 번만 생각하면 이해하지 못할 일은 없습니다.

자신이 얼마나 자주 타인을 오해하는가를 자각하고 있다면 누구도 남들 앞에서 함부로 말하지 않을 것이다.
_요한 볼프강 폰 괴테

> 배우자로부터 이해받지 못해 슬펐을 때는 언제입니까?
> 이때 나의 느낌은? _____

'배우자에게 서운한 감정이 들면, 오해로 가기 전에 즉시 자신의 감정을 표현해 주세요.'

22일

부부싸움의 기술

부부싸움을 하는 자체가 반드시 나쁜 것만은 아닙니다. 오히려 건전한 부부싸움은 부부 관계를 발전시키고, 부부가 성장하는데 도움이 됩니다. 부부는 이기려고 싸우는 게 아니라 갈등을 해소시켜 더 좋은 관계가 되기 위해 싸웁니다. 운전을 잘하려면 반복 연습이 필요하듯 부부싸움을 잘하려면 수많은 부부싸움을 경험해야 합니다. 부부싸움의 기술은 수많은 시행착오 끝에 얻을 수 있는 부부만의 값진 노하우입니다.

부부가 진정으로 서로 사랑하고 있으면 칼날 폭만큼의 침대에서도 잠잘 수 있지만, 서로 반목하기 시작하면 십 미터나 폭이 넓은 침대로도 너무 좁아진다.
_탈무드

부부싸움을 잘하려면 어떤 기술이 필요하다고 생각합니까?
이에 대한 나의 느낌은? _____

'건전한 부부싸움을 위해 먼저 부부싸움의 규칙부터 만드세요.'

23일

마음을 표현하지 않으면

부부는 가까이 있는 사람이기에 당연히 서로의 마음을 잘 알 것이라고 생각하지만 그것은 착각입니다. 내 마음을 표현해 주지 않으면, 배우자의 오해는 깊어지고 무관심에 대한 섭섭함은 쌓여갑니다. 부부이기 때문에 마음을 더 표현해야 합니다. 가슴에 품은 진심만으로는 부족합니다. 상대방을 소중하게 생각하는 마음을 더 다양한 방법으로 표현할수록 상대방이 진심이라고 느끼게 될 것입니다. 말은 마음의 표현입니다.

날 사랑해 주는 것도 고맙지만, 내가 정작 필요로 하는 것은 사랑한다는 말이다. 침묵은 무덤 너머의 시간만으로도 충분하다.
_조지 엘리엇

배우자에게 내 마음을 어떻게 표현하고 있습니까?
이에 대한 나의 느낌은? _____

'자신의 감정을 배우자에게 표현하는 연습을 자주 해 보세요.'

24일

돈 문제로 인한 다툼

부부 사이에 다툼의 50%는 돈 문제로 인해 일어납니다. 돈 문제로
인한 다툼은 돈에 대한 가치관이 서로 다르기 때문입니다. 가치관은
그 사람의 삶과 꿈이 담겨 있기 때문에 쉽게 해결될 문제가 아닙니다.

돈이 부족하게 되면 서로가 무엇을 중요하게 생각하는지 가치관의
차이가 확연하게 드러납니다. 이럴 때는 두 사람이 양보와 타협을 통
해 지출의 우선순위를 먼저 정해야 합니다. 그다음 부부가 합의하여
우선순위가 낮은 지출부터 줄여 부채의 덫에서 벗어나야 합니다.

돈은 바닷물과 같다. 그것을 마시면 마실수록 목이 말라진다.
_아르투어 쇼펜하우어

우리 부부가 돈 문제로 다투게 되는 이유는 어디에 있습니까?
이에 대한 나의 느낌은? _____

'부부가 함께 의논하여 가계 지출의 우선순위를 정해 보세요.'

사랑은 하는 게 아니라 느끼게 하는 것

내가 생각하는 사랑과 상대방이 좋아하는 사랑과는 같지 않을 수 있습니다. 사랑은 내가 좋아하는 것을 주는 것이 아니라 상대방이 사랑이라고 느끼는 것을 주어야 합니다. 이 점을 잊기 때문에 고귀한 사랑을 주면서도 서로 마음이 상할 때가 있습니다.

사랑을 느끼게 하는 것은 상대방의 행위 자체가 아니라 믿음, 신뢰, 헌신, 애정 같은 진실한 마음이 수반될 때입니다. 사랑은 하는 것이 아니라 느끼게 하는 것입니다. 사랑은 목적을 위한 수단이 되어서는 안 됩니다.

사랑이란 자신과 다른 방식으로 느끼며 다르게 살아가는 사람을 이해하고 기뻐하는 것이다.
_프리드리히 니체

배우자가 원하는 방식대로 사랑을 주기 위해 어떻게 노력하고 있습니까?
이에 대한 나의 느낌은? _____

'배우자를 사랑할 때는 자신의 진실한 마음이 담아서 사랑을 느끼게 해 주세요.'

26일

결혼생활의 숨통을 조이는 중독

중독의 원인은 소통의 좌절에서 오는 외로움과 소외감입니다. 이를 배우자와의 관계가 아닌 다른 무언가로부터 위로를 받고 의존하려 할 때 중독은 시작됩니다. 게임, 쇼핑, 음란물, 알코올, 휴대폰같이 중독의 무서운 점은 쾌락이 주는 습관성입니다. 중독은 자신의 영혼과 시간과 돈을 갉아먹고 배우자의 사랑과 신뢰를 앗아 갑니다. 진정으로 배우자를 사랑한다면 결혼생활의 숨통을 조이는 중독을 스스로 반드시 끊어야 합니다.

산다는 것 그것은 치열한 전투이다.
_로망 로랑

배우자와의 관계를 멀어지게 하는 나의 중독에는 어떤 것이 있습니까?
이에 대한 나의 느낌은? _____

'고립감은 중독의 독버섯을 키우는 온상입니다. 중독에서 벗어나려면 혼자 있는 것을 피하세요.'

27일

부부의 다른 점은 인생의 큰 자산

부부는 성격, 가치관, 성장과정, 생활습관 등 모든 점이 다릅니다. 부부가 서로의 다른 점을 받아들이기 어려운 이유는 서로의 믿음과 신념이 부딪치기 때문입니다. 그러나 다른 점을 인정하고 받아들일 때, 그다름은 긍정 에너지로 전환됩니다.

행복한 부부와 불행한 부부는 서로의 다름을 받아들이는 태도가 다릅니다. 행복한 부부는 서로의 다른 점을 플러스로 생각하지만, 불행한 부부는 마이너스로 생각합니다. 부부의 다른 점은 인생의 큰 자산입니다.

남들이 나와 같지 않음을 인정하라.

_존 그레이

> 나와 배우자와의 다른 점이 플러스라고 생각될 때는 언제입니까?
> 이때 나의 느낌은? _____

'나와 배우자의 다름 점은 인생을 사는데 플러스가 된다는 점을 항상 기억하세요.'

28일

부부 갈등을 완화시키는 해법

아내와 시댁 가족과의 갈등 같은 문제는 남편과 진솔한 대화를 몇 번 했다고 바로 해결되지는 않습니다. 시댁과의 갈등, 경제적인 문제, 배우자의 나쁜 습관 등은 당장 해결되지 않는 문제들입니다.

부부가 그것들에 대해 대화하는 이유는 상대방이 자신을 알아준다는 정서적 안정감을 얻고 싶기 때문입니다. 당장 해결되지 않는 문제들의 해결책을 찾기보다 상대방의 속상한 마음을 자주 들어 주고 공감해 주는 대화만으로도 부부 갈등을 완화시킬 수 있습니다.

긴장은 때때로 진실을 흐리게 한다.
_해리 투르먼

배우자가 해결할 수 없는 문제를 이야기할 때는 어떤 생각을 하게 됩니까?
이때 나의 느낌은? _____

'배우자가 부부간에 해결되지 않는 문제를 말할 때는 상대방 말에 귀 기울여 잘 들어 주세요.'

여자가 기억력이 좋은 이유

여자들이 과거의 일들을 잘 끄집어내는 이유는 기억력이 좋아서가 아니라 감정을 자극하는 편도체가 발달해서입니다. 편도체는 예전의 감정들을 저장해 두었다가 비슷한 상황이 되면 기억도 함께 떠올립니다. 또한 남자는 마음의 방이 여러 개지만 여자는 마음이 방이 하나뿐이어서 사랑하는 남편에 대한 세세한 것까지 잘 기억해 놓습니다. 남편이 늙어서 기억력이 좋은 아내에게 구박받지 않으려면 즐거운 추억들을 많이 만들어 주는 방법밖에 없습니다.

가장 놀라운 기억력은 사랑하는 여자의 기억력이다.
_앙드레 모루아

내가 간직하고 싶은 배우자에 대한 좋은 기억에는 어떤 것이 있습니까?
이에 대한 나의 느낌은? _____

'아내에게 좋은 감정을 기억할 수 있도록 즐거운 추억을 많이 만들어 주세요.'

30일

혼자 있는 시간

부부가 함께 보내는 시간도 의미가 있지만 혼자 있는 시간도 필요합니다. 내 마음이 여유롭지 못하면 배우자를 편안하게 해 줄 수 없습니다. 침묵 속에 기도하거나 사색하면서 자신의 영혼과 만나는 시간을 가져야 합니다. 그러면 자신에게 주어진 모든 것에 감사하게 되고, 자신의 삶의 목적과 방향을 돌아보게 합니다. 집에 돌아와서는 배우자와 혼자 지내며 느낀 소감을 나누면 깊은 유대감을 갖게 됩니다. 내가 혼자 설 수 있어야 배우자와 함께 설 수 있습니다.

언어는 혼자 지내는 것의 고통을 표현하기 위해 '외로움'이라는 단어를 만들어 냈고, 혼자 지내는 것의 기쁨을 표현하기 위해 '고독'이라는 단어를 만들어냈다.
_폴 틸리히

나는 언제 혼자만의 시간을 갖고 싶습니까?
이때 나의 느낌은? _____

'바쁜 중이라도 단 십 분이라도 혼자 있는 시간을 내도록 노력하세요.'

12월

NOVEMBER

부부 영성

우리가 사랑을 하면서 상처받고 아파하면서도 사랑을 포기하지 못하는 이유는 우리 안에 거룩한 본능이 있기 때문입니다. 사랑은 거룩하기 때문에 아무나에게 주어지지 않습니다. 거룩한 사랑을 향한 끝없는 열정이 바로 영성입니다. 부부 영성은 부부가 서로 열정적으로 사랑하는 아름다움입니다. 부부 영성의 시작은 부부가 함께하는 기도입니다. 부부 기도는 영적 친밀감을 키워 주고 부부를 일치하도록 이끌어 주는 사랑의 끈입니다.

거룩한 것을 개들에게 주지 말고, 너희의 진주를 돼지들 앞에 던지지 마라.
_성경

> 우리 부부의 영성을 높이기 위해 필요한 것은 무엇입니까?
> 이에 대한 나의 느낌은? ―――――――

'매일 밤 부부가 함께 촛불을 켜고 기도해 보세요.'

서로의 마음이 통하는 선물

선물은 내 마음을 상대방에게 표현하는 상징입니다. 선물을 고르다 보면 그동안 내가 상대방에게 얼마만큼의 마음을 주고 있는지를 알게 됩니다. 선물은 상대방이 좋아하고 필요한 것을 골라야 하기 때문에 많은 시간과 정성을 기울이게 됩니다. 그래서 서로의 마음이 통하는 선물은 잔잔한 감동과 깊은 여운을 남깁니다. 배우자에게 자신의 사랑을 전달하고 싶다면 선물이 가장 좋습니다. 선물을 받고 기뻐하는 배우자의 모습은 다시 내게 선물이 되어 돌아오기 때문입니다.

하나의 선물은 그것을 찾기 위해 투입하는 사랑만큼의 기치가 있다.
_티데 모니에르

지금 배우자에게 선물한다면 무엇을 고르고 싶습니까?
이에 대한 나의 느낌은? _____

'오늘 배우자에게 당신의 사랑이 듬뿍 담긴 작은 선물을 해 주세요.'

3일

최고의 대화 파트너

남자들은 슬픔이나 우울함처럼 약해지는 감정을 표현하는 데에 서투릅니다. 대화는 자신의 감정을 표현하여 상대방과 공유함으로써 정서적인 안정을 찾는 데 좋은 방법입니다. 남편들은 아내와 대화를 통해 마음에 쌓인 부정적인 감정들을 표현하고 함께 공감하는 연습이 필요합니다. 남편에게 아내는 최고의 대화 파트너이자 코치입니다.

내가 아는 가장 성공적인 대부분의 사람들은 말하기보다 듣기를 더 많이 하는 이들이다.

_버나드 바루크

> 배우자가 대화 파트너로서 크게 도움이 된다고 생각될 때는 언제입니까?
> 이때 나의 느낌은? _____

'배우자는 최고의 대화 코치입니다. 배우자에게 대화 코치를 청해 받아 보세요.'

4일

지혜로운 체념

지혜로운 사람은 배우자의 변화할 수 있는 부분과 변화될 수 없는 부분이 무엇인지 빨리 깨닫습니다. 그리고 배우자의 변화될 수 없는 부분은 과감히 포기하고 힘들더라도 있는 그대로 받아들이려고 노력합니다. 스스로 인정하고 감수하는 체념이 바로 용기입니다. 이러한 지혜로운 체념은 자신의 한계를 알고 배우자를 수용하려는 성숙된 행동방식입니다.

진정으로 어울리는 부부를 발견하는 일은 홍해를 가르는 모세의 기적보다 더 힘들다.
_요하난

배우자가 변화될 수 없다고 생각되어 내가 스스로 포기한 점은 무엇입니까?
이에 대한 나의 느낌은? _____

'배우자의 나쁜 습관을 고치려는 노력을 그만 포기하세요.'

5일

남자의 말, 여자의 말

남자들은 마음 안에 있는 말을 그대로 말합니다. 반면 여자들은 본심을 숨기고 분위기에 맞춰 돌려서 말합니다. 남자는 현재 일만 가지고 말합니다. 그러나 여자는 현재 일은 10%이고 나머지 90%는 남자의 전반적인 행동뿐만 아니라 과거의 일까지 마음에 담고 말합니다. 남자의 말은 말 자체를 그대로 해석해도 되지만, 여자의 말은 표정, 말투, 억양까지 주의 깊게 살펴야 속마음을 헤아릴 수 있습니다. 여자는 말속에 마음을 남기고, 남자는 마음속에 말을 남깁니다.

남자가 온갖 말을 다하여도 여자가 흘리는 한 방울의 눈물에는 당하지 못한다.

_미셸 에켐 드 볼테르

> 배우자의 속마음을 헤아리기 위해 어떤 노력을 기울이고 있습니까?
> 이에 대한 나의 느낌은? ＿＿＿＿＿＿

'남편은 아내가 말로 표현하지 않은 속마음을 알려고 노력하고, 아내는 남편이 말로 표현하지 못하고 마음에 남긴 말을 읽도록 노력하세요.'

6일

부부 버킷리스트

나이가 들수록 현실의 한계를 잘 알고 있기에 꿈꾸는 자체를 포기하게 됩니다. 부부가 함께 이루고 싶은 꿈이 있다면 가는 그 길이 힘들게 보여도 도전하는 용기가 필요합니다. 부부가 죽기 전에 꼭 해야 할 부부 버킷리스트를 만들어 봅시다. 유럽 배낭여행, 악기 합주, 부부 자원봉사 등. 부부가 꿈을 갖게 되면 생활에 활력도 생기고 결속력도 커집니다. 꿈을 가진 부부가 행복합니다.

후회가 꿈을 대신하는 순간부터 우리는 늙기 시작한다.
_지미 카터

우리 부부가 함께 꼭 이루고 싶은 버킷리스트 세 가지는 무엇입니까?
이에 대한 나의 느낌은? _____

'질문의 부부 버킷리스트 세 가지 중에 한 가지에 대한 계획을 세우고 바로 실행에 옮기세요.'

사랑은 사소한 일상에 있다

부부에게는 사소해 보이지만 결코 사소하지 않은 소중한 것들이 있습니다. 편히 잠을 잤는지 묻는 아침인사, 점심은 거르지 않고 먹었는지 묻는 안부전화, 하루의 이야기를 나누면서 마시는 커피 한 잔, 서로의 체온을 느끼는 편안한 잠자리 등. 내 이야기와 내 마음에 귀 기울여주는 배우자와 함께하는 사소한 일상들입니다. 부부가 함께하는 사소한 일상이 서로를 더 알아가고, 사랑을 지속하게 하는 힘일지 모릅니다. 사랑은 사소한 일상에 있습니다.

사랑은, 그 무엇보다도 자신을 위한 선물이다.
_ 장 아누이

일상생활 중에 내가 배우자의 사랑을 가장 많이 느낄 때는 언제입니까?
이때 나의 느낌은? _____

'사소한 일상 안에 깃들어 있는 사랑의 순간을 놓치지 마세요.'

8일

편협한 시각이 집착을 만든다

집착은 모든 것을 더 가지려 하고 가진 것은 포기하지 않으려는 마음의 병입니다. 자신의 편협한 시각이 집착을 만듭니다. 작고 사소한 일에 집착하면 크고 중요한 일을 놓치게 됩니다. 어떤 일에 집착되기 전에 미리 털어 버릴 수 있는 두 가지 질문이 있습니다. '이 일은 무덤까지 가져갈 만한 가치가 있는가?' 지금 배우자와 다투고 있는 이 문제는 '죽고 사는 일만큼 중요한가?'를 항상 염두에 두면 집착이 걸러집니다. 내가 배우자나 일에 대한 집착을 털어 버리는 만큼 더 자유로워집니다.

어떤 이들은 열 가지의 장점은 볼 줄 모르고 한 가지의 단점에만 집착한다.
_장 드 라퐁텐

지금 내가 배우자에게 집착하고 있는 것은 무엇입니까?
이에 대한 나의 느낌은? _____

'지금 내가 걱정하고 두려워하는 그 일은 과연 무덤까지 가져갈 만한 가치가 있는가라고 자신에게 물어보세요.'

친절은 배우자에게 먼저

남에게는 친절하지만 배우자에게는 그렇지 않는 사람이 있습니다. 지금 내가 가장 많은 친절을 베풀어야 할 사람은 바로 내 곁에 있는 배우자입니다. 돈을 들이지 않더라도 베풀 수 있는 상냥한 말투, 밝은 미소, 자상한 배려 등 작은 친절들이 많습니다. 부부가 서로 친절해지기 위해 노력한다면 부부 관계는 지금보다 훨씬 좋아질 수 있습니다. 배우자에게 베푼 친절은 부메랑 같아서 자신에게 다시 돌아옵니다.

친절함은 청각 장애인이 들을 수 있고, 시각 장애인이 볼 수 있는 언어이다.
_마크 트웨인

배우자가 베푼 친절 중에 가장 기억에 남는 친절은 무엇입니까? 이에 대한 나의 느낌은? _____

'배우자에게는 항상 친절하고 상냥한 말을 해 주세요.'

10일

성은 애정과 존중 그리고 친밀감의 표현

여자들은 정서적으로 친밀감을 느껴야 성관계를 허락하는 반면 남자는 성관계를 해야 친밀감을 느낍니다. 부부의 성은 부부간의 애정과 존중 그리고 친밀감의 표현입니다. 따라서 진정한 성은 서로에 대한 성적인 이해와 배려를 통해 사랑의 일치를 이루는 행위입니다. 또한 성은 서로에 대한 친밀감을 높일 수 있는 가장 편안한 휴식입니다

섹스는 사람의 일생에 있어서 한 사람만 상대하여 쓰지 않으면 안 된다.
_탈무드

배우자와 성관계를 나눈 후 상대방에 대해 어떤 마음을 갖게 됩니까?
이에 대한 나의 느낌은? _____

'성관계는 부부의 친밀감을 높이는 가장 좋은 방법입니다. 서로를 존중하고 배려해 주세요.'

11일

존중은 부부를 성장하도록 이끈다

부부는 서로의 부족함을 인정해야 인간적으로 상대방을 존중할 수 있습니다. 존중의 밑바탕이 되는 애정과 친밀감은 배우자의 부족한 점을 채워 주는 과정에서 만들어집니다. 부부의 존중은 상대방이 가진 장점과 가치를 발견하고, 그것들을 키워 주도록 도와주는 원동력입니다. 서로에 대한 존중은 부부를 함께 성장하도록 이끌어 줍니다.

사랑한다는 것은 관심을 갖는 것이며, 존중하는 것이다. 사랑한다는 것은 책임을 느끼는 것이며, 사랑을 주는 것이다.
_에리히 프롬

배우자에게 존중받는다고 느낄 때는 언제입니까?
이때 나의 느낌은? _____

'배우자가 항상 존중받는다는 느낌이 들도록 말과 행동으로 보여 주세요.'

미각의 공감은 성의 공감

평소 남편은 아내가 만든 요리를 맛있게 먹어 주고 음식 솜씨를 칭찬해 주어야 합니다. 남편이 아내의 음식 솜씨를 칭찬해 주면 아내 안에 있는 여성적인 본능을 깨어나게 합니다. 또한 음식의 맛과 냄새는 오감을 자극하여 성적 본능도 함께 일깨웁니다. 맛있는 음식은 항상 좋은 대화와 함께합니다. 아내의 멋진 요리 솜씨는 '미각의 공감'뿐 아니라 '성의 공감'과도 통합니다.

좋은 음식은 항상 좋은 대화로 끝이 난다.
_조프리 네이어

배우자와 맛있는 식사와 즐거운 대화를 나눈 후는 무엇을 기대합니까?
이에 대한 나의 느낌은? _____

'배우자의 음식에 언제나 칭찬을 아끼지 마세요.'

13일

부부 갈등해결은 직면과 대화가 중요

부부의 불화는 문제 자체가 아니라 상대방이 내 마음을 이해해 주지 않고 거부하기 때문에 일어납니다. 부부의 다툼은 갈등해결 능력이 부족한 결과입니다. 갈등에 대한 원인은 부부 모두가 제공했으므로 누가 옳고 그른지 따지지 말고, 서로가 책임지고 해결하려는 자세를 가져야 합니다. 그런 다음 부부는 피하지 말고 대화를 통해 서로가 수용할 수 있고 만족할 수 있는 타협점을 찾아야 합니다. 부부의 갈등해결은 직면과 대화가 중요합니다.

우리는 깨진 마음을 가지고 서로 사랑하기 위해 그리고 고통을 사랑으로 변화시키기 위해 여기에 있는 것입니다.
_미리암 그린스팬

> 부부의 갈등해결 능력을 높이기 위해 함께 노력해야 할 점은 무엇입니까?
> 이에 대한 나의 느낌은? _____

'부부간에 갈등이 생기면 서로 피하지 말고 직면하세요.'

14일

남편이 투정 부리고 싶을 때

남편은 자신이 힘들게 일하고 있는데 아내가 몰라준다고 생각되면 어린애처럼 투정 부리고 싶어 합니다. 남편의 투정은 아내가 자신에게 관심을 가져 달라는 메시지입니다. 갑자기 남편이 "나 회사 그만둘까 봐."라고 폭탄선언을 하면, 이에 놀란 아내가 "당신, 제정신이야!"라고 민감하게 대응하면 실수입니다. 이럴 땐 "그럼 둘이서 가게나 하자."라고 가볍게 받아 주고 남편을 안아 주며 등을 토닥여주세요. 남편도 아내에게 따뜻한 위로를 받고 싶을 때가 있습니다.

사소한 일이 우리를 위로한다. 사소한 일이 우리를 괴롭히기 때문에.
_블레즈 파스칼

배우자에게 투정을 부리고 싶은 때는 언제입니까?
이때 나의 느낌이나 속마음은? _____

'배우자에게 투정 부리고 싶어질 때는 꼭 안아 달라고 말해 주세요.'

15일

자기 표현적 결혼

결혼도 진화하고 있습니다. 이전의 결혼이 사랑하는 사람을 만나 행복한 가정을 갖는 '사랑을 위한 결혼'이었다면, 이제는 자아실현과 자기성장을 위해 자신의 가치관과 일치하는 상대를 구하는 '자기 표현적 결혼'self-expressive marriage으로 변화하고 있습니다.

요즘 젊은 사람들은 결혼에 대한 높은 기대치에 비해 둘이 함께할 수 있는 시간과 돈이 부족하고, 서로에게 집중할 수 있는 정신적 여유도 없다는 점이 문제입니다. 이런 이유로 미혼자들은 선뜻 결혼을 결정하지 못하고 있습니다.

결혼에는 많은 고통이 있지만, 독신에는 아무런 즐거움이 없다.
_새뮤얼 잭슨

자녀나 형제자매들이 결혼을 망설이는 이유는 어디 있습니까?
이에 대한 나의 느낌은? _____

'시대의 변화에 따라 달라지는 결혼관에 대해 자신부터 인식을 전환하세요.'

16일

부부의 자존심

아내의 얼굴은 남편의 자존심입니다. 남편은 아내의 얼굴에 미소가 떠나지 않게 관심과 사랑을 줘야합니다. 남편의 어깨는 아내의 자존심입니다. 아내는 남편이 어깨를 펴고 다닐 수 있게 기를 살려 줘야 합니다.

내가 배우자의 자존심을 지켜 주면 상대방도 내 자존심을 지켜 주기 위해 마음을 써 줄 것입니다. 다른 사람에게는 자존심을 세우더라도 부부간에는 서로의 자존심을 내려놓아야 한 편이 됩니다. 부부의 자존심은 서로가 합심해서 지켜야합니다.

모든 것을 다 잃어도 가정이 있으면 아직 다 잃은 것이 아니지만, 모든 것을 다 가져도 가정을 잃으면 모든 것을 다 잃는 것이다.
_클린턴 가드너

배우자의 자존심을 살려 주기 위해서 어떤 노력을 기울이고 있습니까?
이에 대한 나의 느낌은? _____

'오늘 배우자의 자존심을 살려 주기 위한 깜짝 이벤트를 실행해서 기쁘게 해 주세요.'

부부 문제는 먼저 내 안에서 찾아야

사랑의 결핍에서 오는 외로움과 공허감을 배우자의 문제로 돌리는 사람이 있습니다. 이런 사람들의 문제는 사랑이 부족해서가 아니라 배우자와 관계를 어떻게 형성해야 할지 잘 모르는 애착장애 때문입니다. 어린 시절 부모와의 애착장애를 갖고 있는 사람은 배우자와 친밀해지는데 어려움을 겪습니다. 부부 문제는 배우자보다는 먼저 내 안에서 찾아야 합니다.

애착 대상과의 단절은 매우 위험하다. 각막에 상처를 입은 것처럼, 관계는 파괴되고 고통을 겪는다.
_토머스 루이스

어린 시절 부모와의 애착관계가 지금 우리 부부 관계에 어떤 영향을 미치고 있습니까?
이에 대한 나의 느낌은? _____

'배우자와의 관계를 불편하게 하는 애착장애가 내 안에 있는지 살펴보세요.'

규칙적인 생활습관

부부가 함께 사는 결혼생활에는 규칙적인 생활습관이 중요합니다. 정해진 시간에 식사와 운동, 주기적인 대화나 성생활 등과 같이 부부가 함께하는 규칙적인 생활은 건강뿐만 아니라 마음의 안정과 여유를 찾게 합니다. 처음부터 무리하지 않고 한 가지씩 꾸준히 늘려가는 방법이 규칙적인 생활습관을 만드는 비결입니다. 규칙적인 습관은 건강의 기초입니다.

손톱이 자라면 없어지듯이 습관은 습관에 의해 정복된다.
_에라스무스

우리 부부가 함께하는 규칙적인 생활습관에는 무엇이 있습니까? 이에 대한 나의 느낌은? _____

'부부가 함께 규칙적인 생활습관을 지키도록 노력해 보세요.'

19일

남편이 되지 못한 남자

여자들은 결혼과 동시에 자신의 역할을 자각하지만, 남자들은 이를 자각하는 데 시간이 좀 더 걸립니다. 결혼 후에도 친구, 술자리, 취미 생활 등을 우선시하는 남편들은 아직 '남편이 되지 못한 남자'입니다. 부부간의 많은 갈등은 바로 이 문제 때문에 생깁니다. 남자가 남편이 되는 시간차를 줄이기 위해, 부부는 서로의 역할을 분담하고 조정하기 위한 지속적인 대화가 필요합니다. 남자가 철이 든다는 건 나이와 상관없습니다.

남자는 크게 자란 어린이에 불과하다.
_존 드라이든

우리 부부가 각자 맡은 역할 중에 책임을 다하지 못한 점은 무엇입니까?
이에 대한 나의 느낌은? _____

'결혼생활에서 자신의 역할을 충분히 해 나가는지 반성해 보세요.'

20일

무시하는 남편, 잔소리하는 아내

부부 관계에 부정적인 감정을 불러일으키는 주범은 남편의 무시하는 태도와 아내의 심한 잔소리, 두 가지입니다. 아내들은 남편에게 자신이 원하는 것을 말하지 못하고 마음을 헤아려 주기를 은근히 기대합니다. 그러나 대부분의 남편들은 아내의 기대에 민감하게 반응하지 못하고 무감각한 태도를 보입니다. 아내들은 이러한 남편의 무감각한 반응이 자신을 무시하는 태도라고 생각해 잔소리하게 됩니다. 잔소리로는 남편을 변화시킬 수 없습니다.

가장 과묵한 남편은 가장 사나운 아내를 만든다. 남편이 너무 조용하면 아내는 사나워진다.

_벤저민 디즈레일리

배우자의 어떤 행동이나 태도가 내게 부정적인 감정을 불러일으킵니까?
이에 대한 나의 느낌은? _____

'아내의 기대에 민감하게 반응하지 않는 남편의 무시하는 듯한 태도는 전적으로 고의가 아님을 알아주세요.'

부부는 장점을 찾아주고 단점을 채워 주는 관계

남의 장점은 커도 작아 보이고, 단점은 작아도 커 보입니다. 하물며 부부는 함께 살기 때문에 상대방의 장점보다는 단점이 더 눈에 띄게 마련입니다. 그래서 주변 사람보다 배우자를 더 낮게 평가하는 경향이 있습니다.

배우자의 그릇에 무엇을 담도록 도와주느냐는 부부 서로의 책임입니다. 부부는 서로의 장점을 찾아주고 단점을 채워 주는 관계입니다. 부부는 서로 성공적인 삶을 살도록 도와주는 인생의 동반자입니다.

우리는 둘이 아니다. 그러나 당신은 나를 당신의 밖에서 찾고 있다. 나는 당신 안에, 당신의 가슴속에 있다. 이 하나의 인식이 온 세상을 채울 것이다.

_예쉐오 초기엘

배우자의 장점보다는 단점이 더 많이 눈에 보이는 이유는 무엇 때문입니까?
이에 대한 나의 느낌은? _____

'부부가 서로 상대방의 장점 열 가지를 쓴 뒤 이에 대해 대화를 해 보세요.'

22일

같은 문제를 서로 다르게 보는 이유

부부가 서로의 의견이 다르면 자신은 맞고 상대가 틀린다고 생각하고 누가 맞는지 밝혀내려고 말다툼을 합니다. 그러다 보면 과거의 잘못된 일까지 끄집어내어 문제를 해결하기보다 악화시키는 경우가 많습니다.

부부가 같은 문제를 서로 다르게 보는 이유는 숨겨진 욕구가 다르기 때문입니다. 이때 자신의 숨겨진 욕구가 무엇인지 찾아서 이를 상대방에게 부드럽게 표현해 주면 다툼을 줄일 수 있습니다. 부부는 서로 다름을 인정해야 상대방을 이해할 수 있는 틈이 열립니다.

훌륭한 사람과 어리석은 사람과의 차이는 불과 한 걸음 차이다.
_나폴레옹 보나파르트

부부가 같은 문제를 서로 다르게 보는 이유는?
이에 대한 나의 느낌은? _____

'부부의 의견이 다를 때는 서로가 자기주장을 하기보다는 먼저 상대방의 말부터 귀를 기울여 들어 주세요.'

침묵해야 할 때

배우자의 말에 상처를 받았다면 침묵 가운데 상대방을 이해하는 시간이 필요합니다. 마음이 상한 상태에서 하는 말은 독기를 품고 있어 듣는 상대방에게 상처를 줄 수 있습니다. 그러나 상처를 안고 침묵 가운데 있을 때 마음의 평화가 찾아옵니다. 침묵은 자신의 상처뿐만 아니라 상대방의 상처를 치유해 주는 힘이 있습니다. 침묵해야 할 때와 말해야 할 때를 아는 것이 지혜입니다. 침묵은 영혼을 성숙시키는 스승입니다.

말을 배우는 데는 2년 걸리지만, 침묵을 배우는 데는 60년이 걸린다.
_화자 미상

우리 부부 관계에서 침묵이 필요할 때는 언제입니까?
이때 나의 느낌은? _____

'배우자와 다투고 마음이 힘들 때는 혼자 침묵 가운데 머물면서 자신의 영혼과 만나는 시간은 가지세요.'

24일

거룩한 부부의 삶

과거에는 부부로서 삶의 목표가 잘사는 것이었다면 생활수준이 높아진 오늘날의 목표는 함께 즐겁게 사는 삶입니다. 가정 안에서 부부가 함께하는 소소한 일상생활은 부부가 가질 수 있는 행복입니다. 그러나 이보다 더 아름다운 부부의 삶은 사랑으로 일치를 이루는 거룩한 삶입니다. 거룩함은 참사랑에서 나옵니다. 이것이 결혼한 부부로서 진정한 삶의 목표가 되어야 합니다.

사랑하는 것은 천국을 살짝 엿보는 것이다.
_카렌 선드

우리 부부의 부부로서 삶의 목표는 무엇입니까?
이에 대한 나의 느낌은? _____

'부부가 함께 거룩하고 아름다운 삶을 목표로 가져 보세요.'

부부는 작은 교회

교회는 단순히 건물만을 의미하지 않습니다. 사람들이 함께하는 곳에 사랑이 있으면 그곳이 교회입니다. 우리는 하나의 큰 교회입니다. 그중에서 부부는 가장 '작은 교회'입니다. 또 우리 모두는 한 몸입니다. 그중에서 부부는 가장 '작은 세포'입니다. 사랑은 우리 모두를 묶어 주는 힘입니다. 결혼한 부부 관계도 서로 사랑하면서 성장해 갑니다. 부부는 살아 있는 '작은 세포'이면서 '작은 교회'입니다.

몸은 하나이지만 많은 지체를 가지고 있고, 몸의 지체는 많지만 모두한 몸이다.
_성경

우리의 부부 관계를 성장시키는 힘은 무엇이라고 생각합니까?
이에 대한 나의 느낌은? _____

'부부는 서로 사랑해야 할 의무가 있습니다. 부부는 서로를 내 몸처럼 사랑해 주세요.'

결혼에 대한 기대

결혼할 때 부부는 각자 수많은 기대도 세트로 가져옵니다. 그런데 그 기대들은 다른 가치관과 경험에서 비롯되었기 때문에 서로 표현하지 않으면 잘 알 수가 없습니다. 자신의 기대가 충족되지 않을 때 결혼 생활은 불만으로 채워질 수밖에 없습니다. 행복은 서로의 기대가 무엇인지 자주 확인하고 충족시켜 주기 위해 노력할 때 찾아옵니다. 행복은 자신에게 달려 있습니다.

결혼은 팬티스타킹과 같다. 거기에 무엇을 넣느냐에 따라 모든 게 달라진다.
_필리스 슐라플리

결혼에 대해 어떠한 기대를 가졌습니까?
이에 대한 나의 느낌은? _____

'결혼에 대한 자신의 기대를 배우자에게 말해 주세요.'

27일

마네킹 부부

말을 해 봤자 또 싸움으로 이어질까 봐 말문을 닫고 사는 부부들이 있습니다. 이럴 때 배우자가 자신의 마음을 이해해 주지 않거나 상대방에게 공감을 받지 못하기 때문에 대화를 거부하게 됩니다. 가장 가까운 부부 사이에 대화가 없다는 것은 이미 정서적으로는 이혼한 상태이며, 이런 부부를 마네킹mannequin 부부라고 합니다, 부부는 대화 자체보다 상대방의 마음을 알아주는 게 더 중요합니다.

내가 결혼하기 전에 알아야 했던 사실을 이해하기 시작한 것은 결혼한 지 25년이 지나 이혼하기 직전이었다. 나는 결혼의 목적 없이 25년 동안 허송세월을 보냈다.

_수잔 딕슨

배우자와 정서적으로 가장 멀게 느껴졌을 때는 언제입니까?
이때 나의 느낌은? _____

'배우자와 마음이 멀게 느껴질 때는 먼저 상대방에게 다가가서 대화를 청하세요.'

대화의 끝맺음과 여운

부부가 대화를 마칠 때는 항상 대화 내용에 대한 서로의 소감으로 끝맺음하면 좋습니다. 대화 내용이 만족스러웠다면 자신의 흡족한 느낌을 표현해 주고, 대화 중에 칭찬과 축하를 해 주었다면 다시 한번 말해 주면 좋은 기분이 두 배가 됩니다. 만약 대화 중에 아쉽거나 불편한 점이 있었다면 "다음에는 오늘보다 좀 더 부드럽게 말해 주길 바라요." 같이 자신의 기대를 우회적으로 표현해 주면 효과적입니다. 대화의 좋은 끝맺음은 서로의 마음에 여운을 남깁니다.

아름다운 시작보다 아름다운 끝을 선택하라.
_발타사르 그라시안

우리 부부는 대화를 나눈 후 어떻게 끝맺음을 하고 있습니까?
이에 대한 나의 느낌은? _____

'부부가 대화할 때는 상냥하고 부드러운 말투로 시작하고, 여운이 남는 말로 끝맺음을 해 보세요.'

소속은 자신을 내어주는 참사랑

우리는 관계 안에서 서로에게 소속하면서 살고 있습니다. 소속하는 삶은 서로 생명을 나누게 되어 활력을 받지만, 독립된 삶은 고립되어 외롭고 공허합니다. 소속은 구속이나 자기희생이 아니라 생명을 주고 받는 상생의 관계입니다. 배우자를 사랑하기로 결심한 것처럼 소속하는 데도 결심이 필요합니다. 사랑은 서로에게 소속함으로써 완성됩니다. 소속은 배우자에게 자신을 온전히 내어주는 참사랑입니다.

성공이란 세월이 흐를수록 가족과 주변 사람들이 나를 점점 더 좋아하는 것이다.

_짐 콜린즈

'배우자에게 소속한다.'는 개념은 내게 어떤 의미가 있습니까? 이에 대한 나의 느낌은? _____

'소속은 기쁨입니다. 매일매일 배우자에게 소속하려고 결심해 보세요.'

30일

시간이 빠르게 느껴질 때

나이가 들면 뇌 안에 도파민 호르몬의 활성이 떨어지면서 시간이 빠르게 지나가는 것처럼 느껴집니다. 시간이 빨리 지나간다고 느껴질수록 긴장해야 합니다. 새롭게 기억할 만한 일이 별로 없기 때문에 시간이 더 빠르게 지나갑니다. 또 나이가 들수록 삶의 의미 부여가 안 되니 쉽게 좌절하고 자주 우울해지며 사소한 일에도 서운해집니다. 이럴 때는 배우자와 함께 기억할 일들을 자주 만들도록 노력해야 합니다. 하루가 즐거우면 인생이 즐겁습니다.

짧은 인생은 시간의 낭비에 의해 더욱 짧아진다.
_사무엘 존슨

시간이 빨리 지나간다고 느껴질 때는 언제입니까?
이때 나의 느낌은? _____

'부부는 행복한 추억을 남기기 위해 매일매일 즐겁게 보내세요.'

31일

로맨스는 길게, 환멸은 짧게

로맨스가 결혼생활의 이상이라면 환멸은 현실입니다. 결혼생활에 로맨스만 있고 환멸이 없다면 행복도 기쁨도 느낄 수 없습니다. 결혼생활은 로맨스, 환멸, 기쁨의 연속입니다.

결혼생활을 항상 달콤한 로맨스로만 지낼 수 없습니다. 환멸도 결혼생활의 선물입니다. 환멸의 터널에서 빨리 빠져나오는 방법은 배우자를 사랑하기로 결심하는 것입니다. 행복한 결혼생활은 로맨스는 길고, 환멸은 짧습니다.

사랑은 스프와 같다. 처음 한입은 매우 뜨거우나 그다음부터는 서서히 식어 간다.
_영화 〈러브 미 포에버〉 대사 중에서

결혼생활에서 어떻게 하면 로맨스를 길게 유지할 수 있습니까?
이에 대한 나의 느낌은? _____

'부부가 함께 가까운 산에 올라 마지막 일몰을 보고, 오는 길에 커피숍에 들려 따뜻한 커피 한잔 어떠세요?'

모든 부부 문제는
대화를 시작하면 사라진다.
부부의 대화는
깊은 물속에 들어갔다가
수면 위로 올라와서 들이마시는
첫 호흡과 같다.

_조엘 부캐넌

진주도 처음에는 하나의 상처

ⓒ 양상규 · 김미희, 2023

초판 1쇄 발행 2023년 5월 3일

지은이   양상규 · 김미희
펴낸이   이기봉
편집   좋은땅 편집팀
펴낸곳   도서출판 좋은땅
주소   서울특별시 마포구 양화로12길 26 지월드빌딩 (서교동 395-7)
전화   02)374-8616~7
팩스   02)374-8614
이메일   gworldbook@naver.com
홈페이지 www.g-world.co.kr

ISBN   979-11-388-1868-1 (03190)